青春之我
不负韶华

陈楚瑞 主编
廖金宝

华南理工大学出版社
SOUTH CHINA UNIVERSITY OF TECHNOLOGY PRESS
·广州·

图书在版编目（CIP）数据

青春之我　不负韶华 / 陈楚瑞，廖金宝主编. —广州：华南理工大学出版社，2022.3

ISBN 978-7-5623-6990-5

Ⅰ. ①青… Ⅱ. ①陈… ②廖… Ⅲ. ①爱国主义教育 – 中国 – 青少年读物 Ⅳ. ①D647-49

中国版本图书馆 CIP 数据核字（2022）第 034337 号

Qingchun Zhi Wo　Bufu Shaohua
青春之我　不负韶华
陈楚瑞　廖金宝　主编

出 版 人：	柯　宁
出版发行：	华南理工大学出版社
	（广州五山华南理工大学 17 号楼，邮编 510640）
	http://hg.cb.scut.edu.cn　E-mail：scutc13@scut.edu.cn
	营销部电话：020-87113487　87111048（传真）
责任编辑：	黄冰莹
责任校对：	盛美珍
印 刷 者：	广东虎彩云印刷有限公司
开　　本：	787mm×960mm　1/16　印张：11.25　字数：200 千
版　　次：	2022 年 3 月第 1 版　2022 年 3 月第 1 次印刷
定　　价：	42.00 元

版权所有　盗版必究　印装差错　负责调换

编委会

主　编： 陈楚瑞　廖金宝
副主编： 张　悦
编　委： 吴楚燕　曾令冰　陈　栋　欧雅文
　　　　　刘　泽　赵泓呈　吕　萌　邓韵卿
　　　　　凌　惠　曾俊健　郑思佳　李惠幸

前　言

未来属于青年，希望寄予青年。2016年习近平总书记在安徽合肥知识分子、劳动模范、青年代表座谈会中寄语广大青年："要如饥似渴、孜孜不倦学习，既多读有字之书，也多读无字之书，注重学习人生经验和社会知识。"在庆祝中国共产党成立100周年之际，广东省外语艺术职业学院将党史学习教育与社会实践融会贯通，组织引导广大青年阅读《习近平与大学生朋友们》《中国共产党简史》等书，从经典中汲取精神养分，夯实思想根基，坚定理想信念；鼓励青年知行合一，层层深入地领悟党史、践行党史，自觉投入志愿服务和社会实践中，做到学史明理、学史增信、学史崇德、学史力行。在抗疫志愿者队伍中，常听到的话是"我不累""我还能坚持"；在创新创业实践团队中，可以感受到他们在追求专业卓越与实现社会价值的不懈坚持；在"三下乡"社会实践中，能够看到他们为留守儿童、乡村振兴贡献微薄之力的满足与幸福……

在这些挥洒青春汗水的过程中，我们很高兴地见证了青年们的成长和担当，聆听了他们在学习实践过程中的所为所感、所思所获。为了更好地巩固党史学习教育成果，提升学校"大思政"育人成效，学校特组织出版《青春之我　不负韶华》一书，记录青年追寻中国梦的心路历程，将他们的思考、实践、感想编撰成书，鼓励更多的青年以实现中华民族伟大复兴为己任，增长做中国人的志气、骨气、底气，不负时代，不负韶华，不负党和人民的殷切期望。书中收录的文章都是青年学生的真情实感，期望能与读者一同分享他们的青春故事，共同把青春华章写在祖国大地上，以信仰之光照亮前行之路。

编者

2021年10月

目 录

做"自讨苦吃"的新时代青年 / 1
以奋斗之我　成就卓越之我 / 3
磨炼意志　砥砺奋进 / 5
一辈子做教师　一辈子学做教师 / 7
涵养吃苦精神　不断砥砺前行 / 9
成为一道光 / 11
在社会的广阔天地大显身手 / 13
扣好第一颗扣子 / 15
在路上 / 17
自找苦吃　知行合一 / 19
脚踏实地　志存高远 / 21
时代的责任赋予青年　时代的光荣属于青年 / 23
把中华优秀传统文化传播到五湖四海 / 25
尺牍传情　见字如晤 / 27
不忘殷殷嘱托　砥砺前行 / 29
以青春之名　担时代之责 / 31
用时代巨笔　谱写新时代青春之歌 / 33
空谈误国　实干兴邦 / 35
以青春之我　创建青春之国家 / 37
以青春之我　担时代之责 / 39
砥砺前行　不负韶华 / 41
无问西东　砥砺前行 / 43
到实践中去　与时代俱进 / 45
学会换位思考 / 47
吾辈当自强 / 49
褪去书生气　染得泥土香 / 51

比照·参照 / 53

自找苦吃 砥砺前行 / 55

关上一扇窗 打开一扇门 / 57

行循自然 / 59

做有志青年 / 61

加油吧！青年大学生们 / 62

得其大者兼其小 / 64

火炬 / 66

纸上得来终觉浅 绝知此事要躬行 / 68

让青春在奋斗中发亮 / 69

笃行致远 不负芳华 / 71

肩负时代责任 高扬理想风帆 / 73

扎根基层 投身实践 / 74

生于忧患 死于安乐 / 75

关心、关爱和关怀 / 76

所有学到的东西 都是有用武之地的 / 78

到同学中去 到基层中去 / 80

学习党史 散发光芒 / 82

青春有你 鼎力飞翔 / 84

学习中国史 争做新青年 / 86

学好百年党史 守好时代初心 / 88

爱我中华 圆我中国梦 / 90

建党百年 永葆爱国之心 / 92

心之所向 吾之中华 / 93

百年征程 千秋伟业 / 95

爱国者 奉身以报国也 / 97

庆党华诞 颂我华夏 / 99

吾有所爱 其名华夏 / 101

写给党的一封信 / 103

学党史 强信念 跟党走 / 104

学百年党史 做红色少年 / 106

《中国共产党简史》读后感 / 108
读《中国共产党简史》有感 / 109
延续 / 111
学党史 话心得 / 113
星星之火燃少年 代代相传振中华 / 114
从党史中领悟党的先进性 / 116
学以实践 锤炼党性 / 118
思·悟·得 / 120
以史鉴今 以史砺今 / 122
为什么要学好"四史" / 124
遍地哀鸿满城血 无非一念救苍生 / 125
回顾党史牢记使命 继往开来不忘初心 / 127
中国有梦 青春无悔 / 128
信念 / 129
勇于担当 奋力前进 / 130
知党爱党 永跟党走 / 131
牢记百年党史 不忘初心使命 / 132
学党史 守初心 悟担当 / 134
初心不改 信仰坚定 / 136
英雄的精神 青年的灯塔 / 138
传承红色基因 创造美好未来 / 139
党史伴我行 / 141
态度·悟透·效果 / 142
一起 青年大学习 / 143
传承红色基因 弘扬红色精神 / 144
以生命践行信仰 / 145
做一名坚定的青年马克思主义者 / 147
青马先行 / 148
心中的那一抹中国红 / 149
血与火 / 150
星星之火 可以燎原 / 151

读《青春之歌》有感　/　153

只要你们需要　我们随时都在　/　155

鸿志薄云无愧怍　众心温暖照中国　/　157

感受广外艺温度——全民抗疫　/　158

耀眼的流星　长大后成为像你一样闪光的"小星"　/　159

无悔　那是我的梦　/　161

一心向党　不忘初心　/　163

不忘初心　我的入党故事　/　165

我的另一个身份　/　167

做"自讨苦吃"的新时代青年

曾俊健

《习近平与大学生朋友们》一书主要通过 25 篇访谈实录,讲述了 1983 年 12 月至 2019 年 7 月间,习近平总书记与大学生们交往、交流和交心的故事,真实记录了他对青年特别是大学生始终如一的关注、关心和关爱。

自讨苦吃　点亮自己

在《习近平与大学生朋友们》这本书中,习近平总书记总是勉励我们新时代青年应有"自找苦吃"的精神,不要贪图安逸,不要回避困难,在艰难困苦中砥砺前行、茁壮成长。

初入大学时,在暑期实践作品成果展中,我看到学校"灯塔引航,薪火相传"薪火实践队前往井冈山进行社会实践时,就埋下了一定要去社会实践的种子,因此今年暑期我积极主动地寻找实践基地,组建了爱心传递志愿实践队,以"爱心传递,与生命一起努力"为主题,与广州市金丝带特殊儿童家长互助中心合作开展爱心陪伴的新时代文明实践志愿服务,深入医院,陪伴患病儿童。

可有时我也会有所困扰,这短短的一两个小时的时间,自己的行动能否给到他们帮助呢?后来看到了习近平总书记对前往福州进行社会实践的北京大学实践队的一些告诫与建议,充分感受到了当时大学生积极投身于社会实践的热情,也让我懂得了实践是一个"从苦闷到重新批判、认识而后重建自己世界观的过程"。我们实践过后才懂什么是"纸上得来终觉浅",才可以更好地将自己的知识运用到实践中来,知行合一,同步发展,并从中不断地提炼自己的想法,从而更好地认识这个世界,构建属于自己的正确世界观。

小小灯塔　照亮他人

2020 年 11 月底,我收到了广东学联寄来的一本《习近平与大学生朋友们》,收到这本书后,我想到自己在省"青马班"的学习所得,觉得应分享给同学们,心想,能不能也给同学们赠送一本《习近平与大学生朋友们》呢?而在学校、老师的大力支持下,我校在组建"青马班"时也给学员们赠送了这本书。我相信每个人都有可能成为灯塔，尽管是小小的灯塔，但也能散发出自己的光芒，或许下一刻你就能点亮青春，在黑夜中为他人指引方向。假如我们迷失了方向，但请相信灯塔就在前方，正闪耀着光芒等待你。

2020年12月13日，我有幸受邀前往华南农业大学参加"灯塔工程"广东青年大学生思想引领建设成果展示交流活动。在"灯塔学习交流会"上我听到了来自不同高校、不同年级、不同专业的"意气书生"们侃侃而谈，让我与小伙伴们思维碰撞，也再次扩宽我的视野、更新我的认知。回来后我给青马班学员分享时，他们跟我说，我讲述得太有画面感，他们也相信，只要不断去努力，与优秀同行，终有一天也会成为很多人的小"灯塔"。

坚定信念　勇挑重担

在《习近平与大学生朋友们》这本书中多次提到习近平总书记勉励大学生们要多做社会实践，鼓励青年人要"自讨苦吃"。如在班级中担任班干，为班集体服务；在团学中做一名志愿者，为维护学生权益贡献一分力量；在寒暑假的时候，积极参与社会实践和志愿服务；作为新时代新青年，通过参与社会实践，可以更好地将自己所学的知识运用到实践中来，提升社会责任感和认同感，不断从习近平总书记与大学生朋友们的生动故事中感悟、凝聚力量，内化于心，从而外化为富国强国的实际行动。

习近平总书记说过："青年一代有理想、有本领、有担当，国家就有前途，民族就有希望。"一百年来，一代又一代的中国青年持续奋斗，坚定理想信念，树立远大抱负，不忘来路初心，牢记青春使命。作为现代青年大学生，我们应该努力学好专业知识，提高专业水平，做有担当、有责任的新青年；我们应该勇于吃苦，扛起重担，扎根基层，锤炼自我；我们应该脚踏实地去实践、去创造，在祖国和人民需要的时候，以青春之我、奋斗之我，为祖国的建设添砖加瓦，真正做到让青春在党和人民最需要的地方绽放绚丽之花。

以奋斗之我　成就卓越之我

林星宇

　　《习近平与大学生朋友们》这本书中，以采访实录——"当事人讲当年事"的形式，讲述了习近平总书记在从政不同时期与青年大学生交流、交心、交友的故事，而这些大学生受到习近平总书记一言一行的感染和影响而不断前进。在这其中，我看到了一个和蔼可亲、平易近人的总书记。

　　"多深入基层去""实实在在去实践"……这是习近平总书记说得最多的话。什么是基层？为什么要深入基层去？这是我反复思考的问题。有人说，基层条件差、辛苦；也有的人说，基层是青年人的阵地。基层是各种组织中最低的一层，它跟群众的联系最直接。基层是我们党的执政之基，国家的发展和经济建设靠的就是广大人民群众的力量。习近平总书记让我们要多深入基层群众当中去，是为了让我们多去深入了解群众，了解群众最真实的状态。只有了解民生百态，我们才能对群众所想有很深刻的认识，才能做出更科学更有利于人民的决策。不积跬步无以至千里，不积小流无以成江海，同时这里也是广大青年积累工作经验的平台。基层在我们的生活工作中扮演着重要角色。千里之行，始于足下，如果不知道现状，不掌握实际情况，那我们连先迈左脚还是右脚都不知道。所以我们要求真务实，实实在在深入基层去，脚踏实地一步一步地去实践，正所谓实践得真知。

　　少年周恩来说过"为中华之崛起而读书"。那我们现在读书是为了什么？我觉得性质是一样的，我们是为实现中华民族的伟大复兴而读书。每个人成长成才后，都要服务于社会的发展，用自己所学到的东西服务于祖国的发展，促进社会的进步。知识是无止境的，所有学到的东西都是有用武之地的。学习的同时要想办法应用，在应用中总结，再用于学习。什么是奋斗？是勤奋学习、提升自我。我们肩上的责任重大，在为实现中华民族伟大复兴而努力着。趁着我们青春年少，精力充沛，要努力学习科学文化知识和专业技能，苦练本领，增长我们的才干。

　　学习和实践相结合，才能更好地发挥自己的价值，贡献自己的一分微薄力量。处于新时代的我们，眼光要放长远点，眼界要放大点，不要局限于小部分，但这一切都需要我们去实践调研，只有对社会有更深的认识才会有更深刻的体会。我们见证了这十几年来祖国的发展，这一切是在党的坚强领导下取得的。当今和平幸福的生活来之不易，我们要学会感到满足的同时还要对自己提高要求，我们要不断去奋斗。书中习近平总书记提倡我们年轻人要"自找苦吃"。我们要勇于挑起重任，磨砺自我，吃苦耐劳，才能从吃"苦"中体会到"甜"的味道。我们要做"一滴水"，目标一致，矢志不移。作为一名当代大学生的我，是一名预备党员，我要立足实际，胸怀长远目标，一步一个脚印地实干，要有锲而不舍的韧劲和至死不渝的精神，做到真正的"滴水穿石"。

该奋斗的年纪，不该享受安逸。凭着坚定的信念，在实践中不断锤炼自我。无奋斗不青春，我将继续用奋斗的汗水谱写壮丽的青春之歌。以奋斗之我，成就卓越之我。

磨炼意志　砥砺奋进

吴彤欣

　　《习近平与大学生朋友们》记录了习近平总书记多年来与大学生近距离接触的事迹。读完此书，我发现习近平总书记是一位非常朴实、平易近人，对身边的人也关怀备至，为人谦虚，待人真诚，做事认真，注重细节的一个人。习近平总书记高度重视青年工作，关心青年成长成才，这也为做好新时代青年工作指明了前进方向，提供了根本遵循。

　　书中在采访曹兵海时说道，习近平总书记曾告诉同学们："学习的同时要想办法应用，在应用中再总结，再用于学习。"这表明，学习不仅仅是学，还要懂得学完之后要如何用，用完之后要学会总结，总结之后再重新学；这相当于一个闭环，一系列的过程在于能找到问题所在，用学习的机理去应用、解决。当一个环出现破绽，如果不及时解决，所面临的问题就会越来越多。做调研则要根据实际，将调研出来的实际情况作为实际的决策。曹兵海也提到，他在习近平总书记的指引下，他的专业知识水平得到了提高，而且他的调研方法、思考逻辑也得到了提升。

　　不仅如此，习近平总书记也鼓励大学生深入基层工作，到生产第一线锻炼，提高自我；不断鼓励当代的青年能够扎根于基层，满怀激情地去干。习近平总书记说："干好基层工作要有兴趣、有热情，要有韧性、有耐力，要有一点儿组织能力，要有一股豁出去的干劲儿。"我们要有敢于牺牲、不畏艰险、不怕犯错的冒险精神，在该豁出去的时候绝不犹豫。如今，国家对大学生进入基层工作给了大力的支持，不断使新青年提高自身的素质去适应基层。志存高远，脚踏实地，学好知识，打好基础，从实际出发，迈出深入基层的第一步。

　　习近平总书记提倡年轻人要"自找苦吃"，强调做人做事要"注重细节"，给书上的知识"挤挤水"，才能得到知识的干货。只有和群众实践结合，才能把"水分"挤掉。习近平总书记的谆谆教导，不仅教会我们学习，还教会我们做事做人。知识的干货不是马上应用于实际，而是要先花时间沉淀，毕竟，在知识的领域上想站得越高，越是要把基础打牢，没有其他捷径可走，仅凭自己的毅力去坚持。

习近平总书记还说："只有跨过了劳动关，树立'自找苦吃'的想法，才能砥砺思想，让你的思想更加靠近老百姓，也让老百姓更加信赖你。"要想得到老百姓的信赖，亲近老百姓是必走之路。树立正确的思想，将思想与老百姓相结合，只有不断与老百姓接触，了解老百姓的困难所在，并给予支持与帮助。只有这样，深入基层工作，才能培养出对老百姓的感情，这不仅能得到老百姓的信任，还能干出实事，提高自己，做出实效。

新一代的我们，要立足于人民群众，要深入基层实践当中去。如今，多数大学生会在寒暑假期间走入基层，参与扶贫工作。只有深入调研，与贫困地区的当地群众接触，不断磨合出情感，了解贫困人口的基本生活问题，给予解决问题的办法并提供帮助。在电影《迟来的告白》中，主角之一"老余"，作为扶贫志愿者，舍小家为大家。老余和城里的一位姑娘深入调研，挨家挨户地了解情况，帮助邓氏村脱贫致富。尽管在长期的脱贫攻坚工作的重压下，但是他们没有放弃，而是坚持，耐心地做下去。也正因为他们是党员，在群众有困难需要帮助的时候总是冲锋在前，给基层群众最大的关怀。在扶贫攻坚和新农村的建设上，打破了贫困村的困境，在致力于扶贫事业的同时以实际行动贡献青春力量。他们满怀激情，有理想，有能力，有热情，为脱贫攻坚工作的队伍强壮了筋骨。新一代的我们，要学习他们大无畏的精神，志存高远，用自己的步伐去实现理想，用自己的每一个脚印去印证实现理想的道路。

新一代的青年是沐浴着祖国的阳光不断成长，新一代的中国青年是祖国的未来、民族的希望。我们要牢记习总书记的教诲，在正确的方向道路上能够积极克服困难，学会"自找苦吃"，到基层去锻炼自己的真实本领，始终以高标准严格要求自己，努力成为好的榜样引领更多的人，展现党的崇高风范。

青春因磨砺而出彩，人生因奋斗而升华。磨炼意志，砥砺奋进。新时代的中国青年，要不断把小我融入祖国和人民，与时代同步伐，与社会共进步。

一辈子做教师　一辈子学做教师

严蔚琪

教育大计，教师为本。正如习近平总书记所说，一名好老师应该具备"有理想信念、有道德情操、有扎实学识、有仁爱之心"的"四有"品质。做党和人民满意的教师是我的人生目标，通过学习，我深深地感受到这是一条充满挑战、责任重大但使命光荣的道路。

"自找苦吃"是青年马克思主义者应有的态度，在这最能吃苦的年纪，我们应该将青春挥洒在奉献的道路上。那么怎样才能成为一名"四有"教师呢？答案便是："一辈子做教师，一辈子学做教师。"

"一辈子做教师，一辈子学做教师"这句话是获得"人民教育家"国家荣誉称号的于漪老师说的名言。于漪老师一直是我心中"四有"教师的标杆，她是一位坚定教育自信、热爱自身事业的教育家；是一位关爱学生、无私奉献的人民教师；更是一位满怀爱国心、努力报国的贡献者。

"做教师"指"育人"，教育是一门"仁而爱人"的事业，于漪老师始终认为教育的本质是育人。1975年，她带了全校最乱的一个班级，当时学生心理和行为十分混乱，许多老师因此受挫，但她没有，她坚守"以文育人"，最终创造了奇迹。老师是学生的引路人，其教育方式极大地影响孩子的发展方向。能让孩子提升成绩的老师有很多，但能真正培养起孩子学习兴趣的老师很少。于漪老师认为，学生发展是教育的第一立场。教育的根本动力来自学生的内心需求、成长需求。她曾有一位口吃的学生不仅表述困难，而且语文成绩很差。在于漪老师的悉心指导下，这位学生不仅爱上了语文，而且成为学校演讲队的主力。

于漪老师的教育方式给了我很大的启发，现在的家长生怕孩子输在"起跑线"上，总是给孩子过早地传授孩子未有能力接受的知识。许多孩子还没上幼儿园，已经经历着乘法口诀的"折磨"。当他们顺利背下时，家长认为他们已经掌握了算数的能力，其实他们只是把这当儿歌背，并没有懂其用法。有时甚至因为家长的压迫，他们会厌恶学习数学。身为学前教育的学生，我对于漪老师的"育人"观念表示十分赞同，转变家长的教育观念，让孩子在适合的年龄做适合的事，是将为人师的我未来的教育方向。

"学做教师"指"育己",社会一直在进步,教育一直在变革,我们也需做到与时俱进。用我的专业举例,学前教育的立足点是幼儿,幼儿是祖国的花朵、未来的希望。一方面,作为未来的幼儿教师,我们要树立崇高的职业理想,建立正确的教育观,促进幼儿体、智、德、美全方面发展。同时,我们也要明确自己身上的责任,将自己的事业与幼儿成长紧密相连,做到关心、爱护幼儿,尊重幼儿的主体地位和个性差异,将自己的热情投入到职业当中。另一方面,幼儿教师是实践性较强的职业,需要具备牢固的专业知识和灵活的专业能力。我们可以制定适宜的个人发展计划,通过多种途径,如收集教育相关信息、阅读相关书籍等提高自己的专业知识。我们还可以积极投身于实践,从而不断进行反思与改进。

愿自己谨记"一辈子做教师,一辈子学做教师"的理念,为发展具有中国特色、世界水平的现代教育,培养社会主义事业建设者和接班人做出贡献。

涵养吃苦精神 不断砥砺前行

冯廷虹

在《习近平与大学生朋友们》一书采访实录中,厦门大学1982级校友张宏樑回忆了大学期间习近平总书记与他的书信往来、探讨《资本论》学习、指导社会实践和毕业论文等往事。其中,习近平总书记提倡年轻人要"自找苦吃""不要把基层当大车店"等谆谆教诲,寄托了对当代青年的殷切嘱托。这内容的呈现,我深刻感受到了习近平总书记对青年大学生的期望,也感受到了习近平总书记的平易近人。

"自讨苦吃"是一种人生境界,更是一种精神追求。作为新时代的大学生,我们遇到的困难、吃过的苦,比上一辈人少了许多,但新时代青年作为党和国家事业的新生力量,理应涵养"自找苦吃"的精神,不贪图安逸,不回避困难,主动在艰难困苦中砥砺前行、茁壮成长。

士贵立志,志不立则无成。涵养"自找苦吃"的精神,要求我们要有坚定的理想信念。青年一代有理想、有本领、有担当,国家就有前途,民族就有希望。作为新时代的青年人,我们应当树立远大理想,勇担时代责任。在祖国和人民需要的时候,青年人应该敢于吃苦,扛起重担,以自身本领为国家献出力量。

宝剑锋从磨砺出,梅花香自苦寒来。涵养"自找苦吃"的精神,要勇于不断奋斗,不畏挑战。幸福都是奋斗出来的,但奋斗的路上必定会有很多困难。面对这些人生前进之路的"拦路虎",我们必须要经得住考验,要能够真正地苦心志、劳筋骨,才能"吹尽狂沙始到金"。在实现我们人生目标的路上会荆棘丛生,培养了吃苦精神,我们才能更加坚定地向着目标前行。

知责任者,大丈夫之始也;行责任者,大丈夫之终也。涵养"自找苦吃"的精神,要勇于担当,扛起时代重任。新时代青年要时刻把实现中华民族伟大复兴中国梦的责任扛在肩上,勇于挑最重的担子,敢于啃最硬的骨头,善于接最烫手的山芋,在艰苦磨练中脱胎换骨,百炼成钢。

青年兴则国兴,青年强则国强。新时代中国青年作为祖国实现伟大复兴中国梦的坚实力量,应学习"自找苦吃"的精神,主动在艰难困苦中磨练意志,提升能力。青春不息,奋斗不止,敢于直面困境,勇于迎难而上。我们青年应怀爱国之心、报国之志,在为人民服务中茁壮成长,在艰苦奋斗中砥砺意志,在实践中增长工作本领,不惧风雨、勇挑重担,让青春在党和人民最需要的地方绽放绚丽之花。

成为一道光

林溢宁

百年征程波澜壮阔,百年初心历久弥坚。2021年,中国共产党迎来百年华诞。生逢其时,我们这一代中国青年如何书写无悔青春,回馈伟大的时代呢?《习近平与大学生朋友们》一书给了我启迪,给了我答案。

追循音迹,跨越时空,25篇访谈实录,当事人将当年事娓娓道来,仿佛身临其境。一个个故事、一段段回忆,无不闪耀着思想的火花,承载了一位优秀共产党人的初心和使命。让我们一起走进《习近平与大学生朋友们》书中,聆听习近平总书记的谆谆教诲。

开卷,呈现在我眼前的是一位青年之友,亦是一位举旗定向的青年导师。书中的文字虽然是静止的、凝固的,但它所传递给我的形象是生动的、鲜活的。我们常说"革命人永远是年轻的"。习近平总书记身上具有的青年气质、青春气息,展现的是党的领袖的崇高风范,昭示的是中国共产党永远年轻的品格。

掩卷深思,青春于我们来说,充满着朝气与希望、拼搏与干劲,但在确立人生目标之际,难免会有些迷茫。就像我当初选择报考我校小学教育公费定向这个专业一样,这个专业毕业后是须回到家乡当一名教师的,所以很多人都向我投来不解的目光。但我从未动摇,特别是当我读完这本书后,我就更加坚定了我的选择是正确的,坚定了我的梦想,坚定了我凝聚青春力量、书写时代担当、在拼搏奋斗中绽放光芒的信念和使命。

习近平总书记在指导同学们返乡调研时说:"唯有对家乡知之甚深,才能爱之愈切。"这是他对家乡的爱,也是对大学生朋友们的嘱托与期盼。我们这一代人,应勇挑重担,用自己的所学所见来回馈家乡、造福家乡,用青春的脚步去丈量家乡宽广的土地。

而书中令我印象深刻的还有"习总书记勉励我们做党和人民满意的'四有'好老师"这一内容。"一个人遇到好老师是人生的幸运,一个学校拥有好老师是学校的光荣,一个民族源源不断涌现出一批又一批好老师则是民族的希望"。从一个人到一所学校再站到一个民族的高度,习总书记的话就像一道光照进我心里,点亮了我前进的方向,也让我深知重任在肩,使命光荣。

  正如习近平总书记"四有"指出的好老师标准：有理想信念、有道德情操、有扎实学识、有仁爱之心。有一分热便发一分光，作为一名未来的乡村教师，愿我能犹记少年志，不负寒窗苦，为家乡发展贡献自己的力量，在自己脚踏实地追寻梦想时，也能力所能及地去帮助每一位乡村孩子，能用自己的学识、阅历、爱与责任点燃学生对真善美的向往，用心灵陪伴心灵，用青春点亮梦想，和他们一起走向璀璨的明天。

  让我们一起以"四有"为前进标杆，学以致用，成为一道光，照亮我们的家乡，带着爱洒向每一所乡村学校，让每一位乡村孩子都散发出只属于自己的独特光芒！

在社会的广阔天地大显身手

李钰

  一年之计在于春,一日之计在于晨。那么人生一年之春、一日之晨就是我们的大学时代,这是一个黄金的时期。毛主席曾说,青年人是早晨八九点钟的太阳,大学时期是我们获得知识、丰富知识、打下基础的一个重要阶段,一个黄金关键时期。我们唯有脚踏实地,埋头苦学,利用好大学这几年时间,铸造自我,才能在社会的广阔天地大显身手。

  2010年12月7日,习近平总书记在重庆考察期间,专程来到重庆师范大学图书馆看望同学们。在图书馆"党的知识阅读角",他语重心长地叮嘱同学们:"立志要高,起步要低""重视实践,知行合一""端正择业观念,精准定位,在社会的广阔天地大显身手"。他号召同学们到基层去,到边远地区去,到社区去,到农村去,到军营去!

  作为一名新时代的大学生,我们深知当代青年人的使命与担当。使命与担当,不是个空口号,而是一个青年人积极参与社会事务管理的过程。那么在我们积极参与社会事务管理是不是仅凭一腔热血就可达到预想效果呢?我想,大家的答案是否定的!我们想要在社会的广阔天地里大显身手,自身基础是前提。

  如何打好自身基础呢?打基础,关键是知识面的扩展。大学阶段是一个不断充实自己的基础知识的阶段。不管是学工科,还是学理科,都是要学习人文社科方面的知识。学文科的人,也要掌握一些自然科学方面的知识,这样才能做到触类旁通和融会贯通。在大学课堂上,我们要对讲师们所传授的知识加以推敲理解,对于不懂的知识点,通过不同的学习渠道去查阅资料,多看多练,以便知识点能与社会事务结合起来。我们正处于不断学习、永远学习的时代,我们每个人都要终身学习,所以我们要抓住大学这段时间打好基础,造就自己。反之,就会坐吃山空。

  但是,仅仅打好知识面的基础是还不够的,实践是检验真理的唯一标准。习近平总书记教导我们要重视实践,知行合一。学习更重要的是它的实践性,将来走向社会,自然是以实践为主。在上学的时候,我们要尽可能利用在大学的时间做一些社会实践,多积累经验,在社会的不同岗位上得到新的体会和领悟，为我们走向社会奠定一些实践基础，给予我们更多信心在社会上大显身手，扛起我们肩上的使命和责任。

习近平总书记教导我们立志要高，起步要低。不同的人生姿态，不仅是要我们扩大知识面，参与实践去展示，而且更要我们立志要高，起步要低。几年寒窗后，无论怎么样，我们终究要走向社会。我们大学生应端正择业观念，精准定位，给自己未来的道路做好规划。长风破浪会有时，直挂云帆济沧海，只要我们志存高远，拥有夯实的学习基础和实践经验，我们一定会在社会的广阔天地大显身手。志存高远的青年一代，立志要高，但起步要低，脚踏实地，在基层摸爬滚打后，终会脱颖而出，绽放美丽的人生姿态。

扣好第一颗扣子

黄星冻

首先要感谢校团委赠予我《习近平与大学生朋友们》一书,因为通过阅读这本书,我收获满满,感慨万千。令我印象最深的是"人生的扣子从一开始就要扣好"这一篇,通过对这一篇的阅读与理解,我心中有着无数想要表达的话语。下面,我就围绕着习近平总书记嘱咐我们"人生的扣子从一开始就要扣好"分享我的感想。

习近平总书记告诉我们,青年的价值取向决定了未来整个社会的价值取向,还通过"穿衣服扣扣子"这个比喻来阐述相关道理,可以说生动精准。人生确如穿衣,第一粒扣子是人生第一步,也是人生的一个基准和坐标。无论是干什么,第一步都是最重要的。开步就错,就会失之毫厘谬以千里。所以,我们的人生要从一开始就要走好。

大学生是国家的栋梁之材,是未来建设祖国的主要力量,代表的是祖国的未来和希望。而人生价值观的树立对我们当代大学生的成长和发展起着至关重要的作用。我们能否树立起正确的人生价值观,将直接影响到我国社会主义建设事业的成败和中华民族的兴衰。我们作为当代一名大学生,应该要懂得树立正确的人生价值观的重要性。在实践中磨砺自己,树立正确的世界观,有正确的价值取向和积极乐观的人生态度,自强不息,敢为人先,百折不挠,坚韧不拔,在为社会做贡献中努力提升生命的价值,使自己在人生之路上,遇见最美的风景、最美的自己。当然,在当代社会里大部分人的价值取向是正常的,但是,也存在着拜金主义、享乐主义等一些错误的价值认知,我们要坚决对这些说"不"!

扣扣子其实很平常,只要认真,就不会出错。但扣好人生的"扣子"却并不简单。它需要在勤学、修德、明辨、笃实上下功夫,下得苦功夫、求得真学问;它需要每个人加强道德修养、注重道德实践,善于明辨是非、善于决断选择。

其实,要扣好人生第一粒扣子一点也不难,只要我们用心去把每件小事做好，养成良好的习惯，自然而然地我们就会赢在起跑线上。相反的，如果我们做不好每件小事的话，长期积累下来的就是一个潜伏的炸弹，时间长了，只需一件坏事作为导火索，就会点燃这个炸弹，之后，我们的一生也就随即遭遇困境了。

在路上

张文诺

每次读《习近平与大学生朋友们》这本书,都会被"惊艳"到,一本看似很薄的书里面蕴含的意思与精神却是无法用厚度来形容的。在这25篇访谈实录中,第一篇"习书记邀请我们返家乡搞农村调研"给我留下了很深的印象及感悟。

在该篇访谈中,曹兵海教授的叙述,令我仿佛身临其境,穿越到了1983年收到习近平总书记来信的那个现场,在不同的时空里,通过文字去感受当时那个热血沸腾的瞬间。习近平总书记写信鼓励正定县的大学生返乡为家乡建设贡献自己的力量。整篇访谈看下来,我不仅仅看到了习近平总书记身上的众多闪光点,关于回家乡做调研这个话题也萦绕在我心头。

作为一名从农村出来的大学生,我也更加深刻地体会到了曹教授当时的心情。近些年来,随着国家经济不断发展,精准扶贫政策的稳步推行,我国的乡村建设也越来越美好。但即便是在这样的大环境下,如何使农村更好地持续发展依然是一个很大的问题。而读了这一篇访谈之后,我开始明白了,一个地方想要更好地发展,"调研"一定不能少。

那么怎样的调研才能得出一个客观的事实,因地制宜地去设计发展方案呢?这让我回想起了上一个暑期,我有幸加入了"在路上"实践队,我们成员需要查阅相关资料,用大家喜闻乐见的方式去制作一份有关"一带一路"建设的主题绘本。在整个实践过程中,为了把晦涩的历史知识以更加有趣的形式呈现出来,我们一遍遍地改稿,翻阅了各种各样的资料,整一套绘本制作下来,我们逐渐懂得要想制作出一套被大家广泛接受的作品,就必须从群众中来到群众中去,了解大家想要看到什么样的成果呈现,事前的调研就显得极为重要。

做好乡村调研,根据乡村的具体情况提出相应的发展策略才能使乡村更好地持续发展。真正的调研应该是带有"泥土气息"的,只有真正到农村生活过,了解乡村的真实情况,才能够得出一份更为真实和客观的调研报告。我的家乡是位于粤西的一个小乡村,我也希望在将来的某一天,我能够用自己学到的知识为家乡的建设贡献一分自己的力量。

在这篇访谈录中，习近平总书记有一段话令我印象深刻，"我们学东西要学无止境，所有学到的东西都是有用武之地的。学习的同时也要想办法应用，在应用中再总结，再用于学习"。也希望自己能够在未来的学习中，努力学习，夯实专业基础，将自己的青春与祖国的发展需要紧紧相连，在日后的实践活动中也努力贯彻习近平总书记这一理念，争取将来能够为家乡的建设以及社会的发展注入自己的一分力量。

自找苦吃　知行合一

郑思佳

读完习近平总书记与张宏樑同学之间的对话以及采访组和张宏樑的聊天过程内容，我收获颇多。在得知张宏樑当时正准备从预备党员转为正式党员，还担任了其所在学院的团总支副书记时，习近平总书记肯定了他的做法。他说道："年轻人就应该要求进步，积极入团入党，利用一切机会锻炼自己。要艰苦朴素，要'自找苦吃'啊。"是的，年轻人就应该时刻要求自己进步，刚入学我就写了入党申请书成为一名入党积极分子，为的就是自己能够进步，严格要求自己。

大学是一个锻炼人的好环境，要利用一切机会去锻炼。我参加了校团委的面试，很荣幸成为一个部门的负责人，得到了锻炼自己的机会。非常感谢校团委能够给我这个机会，让我可以和优秀的同学一起工作交流，一起学习进步。习近平总书记还教导青年要给书本上的知识"挤挤水"，才能得到"知识干货"。我们不能只靠书本上的知识，应该和实践相结合，才能把"水分"挤掉。

在与厦门大学师生讨论《资本论》时，习近平总书记回忆自己三下乡时曾通读过《资本论》。是的，只有深读过《资本论》，才能在与师生讨论时分享他的个人感悟，如果没有读过几遍原著，没有深厚的理论基础和坚实的社会实践，是非常难以深入交流的。习近平总书记很早就反复阅读过《资本论》，所以和老师们交流起来深入浅出，得心应手。因为他有扎实的实践经验，能够理论联系实际。这让我明白在学习上不仅要学习书本里的知识，还要多接触社会，补上社会实践这门课，才能更好地理解知识。习近平总书记还告诫我们做人做事都要认真细致，只有认真细致方能成大事。对于团委交给我的每一项任务，我都非常认真地对待，减少错误出现。

习近平总书记在考察重庆期间去到了重庆师范大学，看望在图书馆学习的同学们，他语重心长地对正在学习的同学们说："一定要利用好大学时期，很好地打下这个基础。"是的，大学是一个学习的黄金时期，能够让我们获得知识，丰富知识，打下坚实的基础，进而提高学习能力，所以在大学期间要不断学习，主动学习，丰富自己，提高自己。他还教导我们要重视实践，知行合一。光学习知识是不够的，我们在学习的同时还要重视实践，为将来走上社会打下实践基础，实践才是检验真理的唯一标准。在校的我们终将要走向社会，我们应该端正择业观念，精准定位，才能在广阔的社会天地中大显身手，所以我们现在应该有自己的志向。志向高固然好，但起步一定要低，要脚踏实地，在基础岗位摸爬滚打，最终一定会脱颖而出。

青年的价值取向决定了未来整个社会的价值取向。我们应该从现在做起，从自己做起，"勤学、修德、明辨、笃实"，使社会主义核心价值观成为自己的基本遵循，并身体力行大力将其推广到全社会去，努力在实现中国梦的伟大实践中创造自己的精彩人生；我们要勤于学习，加强道德修养，学会思考，善于分析；肩负时代责任，高扬理想风帆，做有理想、有追求的大学生，做有担当、有作为的大学生，做有品质、有修养的大学生。

脚踏实地 志存高远

林仲莹

读《习近平与大学生朋友们》一书,我仿佛看到了书中记录采访时的"实景",全书展现了习近平总书记在不同时期与青年大学生交流交心的故事,30多年来,他对青年大学生的重视以及关怀始终如一。令我印象最深的是习近平总书记给同学们讲的人生的扣子从一开始就要扣好以及勉励同学们潜心学习、志存高远、脚踏实地,打牢知识基础,提高综合素质……

在青年学生的记忆里,习近平总书记年轻时总是穿着衬衫、西裤,干净整齐,发型精干,笑脸盈盈,让大家感觉十分亲切,和大家交流时他先是和大家拉家常,说话语速较慢、言语温和,特别平易近人,让人心底充满温暖!

2011年1月22日,习近平总书记来到吉林大学看望寒假留校学生,勉励学生们在校期间的第一任务是搞好学习,学好本领,提高自身素质。在大学学习阶段,大学生要丰富自己的知识,打牢自身基础,只有拥有广博知识,举一反三,融会贯通,将来在社会上才能游刃有余。大学生在学习过程中也要注重实践,要有实践的能力和勇气,在实践中提高处理问题和解决问题的能力。我们在校园里认真学习,汲取课堂上的知识并将其灵活运用,付诸实践,这是个人成长必不可少的一环。

作为青年大学生,我们在学习过程中也可以锻炼自己的实践能力,我们可以积极地参加学校的暑期社会实践,在过程中我们可以提高自己的社会活动能力和社会交往能力,提高自己分析问题和解决问题的能力。同时我们也要努力学好课程中的知识,在作品设计中,不能只是简单地咀嚼别人设计的东西,而要在一定程度上以新的设计理念以及实践充实新的内容。在完成作品设计过程中,我们要不断增强自己的实践能力以及全面运用知识的能力。

习近平总书记说,"有信念、有梦想、有奋斗、有奉献的人生,才是有意义的人生"。人生的扣子等同于我们青年大学生的价值取向,青年学生是国家的未来、民族的希望,青年学生的价值取向决定了整个社会未来的价值取向。

虽然一颗扣子很小,可能大家都觉得没什么,到最后发现扣错,重新扣好也一样可以。是的,衣服的扣子可以重新再扣,但是人生的扣子一旦扣错了,可能就是一生的遗憾。

作为青年大学生,我们可以从自己做起,"勤学"——下得苦功夫,求得真学问,知识是树立核心价值观的重要基础,我们可以从认真学习专业知识开始;"修德"——加强道德修养,注重道德实践,我们可以从身边的小事做起,学会感恩、感谢、谦让、自律;"明辨"——善于明辨是非,做到从容自信,坚定自立;"笃实"——一步一个脚印做起,脚踏实地做人。

青年时期是人一生中最宝贵的时光,我会扣好自己人生的第一颗扣子,一步一个脚印踏实走好人生之路,做好自己,成为一名有为的青年大学生,为祖国奉献自己的一分力量。

时代的责任赋予青年 时代的光荣属于青年

周佳慧

读《习近平与大学生朋友们》一书，我们能够真切感悟习近平总书记关于青年工作的重要思想的炽热情感。伟大的思想既是理性的，也是感性的；既展现思考的深度，也传递情感的温度。在 25 篇采访实录中，许多受访者都饱含深情地回忆起习近平总书记当时的一句话、一个动作、一个表情等细节，这些细节无不折射出习近平总书记和大学生在一起时他的内心是炽热的，正是这份炽热给大家留下了温暖而难忘的记忆。面对深夜到访、素不相识的大学生，当时已是地委书记的习近平同志不但没有见怪，还热情接待，约定第二天到办公室深聊；在参加座谈时，他会细心地和每一位同学握手，主动侧着身子面向发言的同学。这样的细节在采访实录里还有很多，这些细节之所以成为大家难忘的记忆，就是因为小细节彰显大情怀、折射大人格，随性之举尤见真情，也尤为打动人、感染人、教育人。

新时代中国青年是有本领、有担当、有希望的一代，在抗击新冠肺炎疫情的战场上可以充分证明这一点。此次志愿到武汉抗击新冠疫情的医护人员中，"90 后""00 后"占队伍总人数近三分之一，在疫情防控斗争中他们挺身而出，担当奉献，义无反顾请战，奋斗在一线。在我校，有的青年助力线上抗疫，参与新冠肺炎疫情防控宣传；有的青年通过网络，为一线医护人员子女义务辅导功课；还有无数广外艺青年响应党组织、团组织号召，加入社区防疫志愿者队伍。

青年是祖国的未来，中华民族的接力棒传递到了青年手中。新时代的大学生应当牢记总书记"行循自然"的嘱托，在"学知识、长才干、明真理"之"行"中"循自然"，在"循自然"的哲学感召中以青春之"行"、坚毅之"行"成长成才，直面人生曲折，笑对风雨坎坷，在为祖国、为人民、为民族、为人类的奉献中彰显青春力量、实现个人价值，让青春之光照亮伟大复兴梦想的前进道路。

今天，我们拥有更优渥的物质条件，更加便捷的信息通道，更宽广的成长舞台。所以，我们应当以奋斗的姿态去迎接人生道路上的挑战。众所周知，青年是祖国的希望，中国的未来属于青年，中华民族的未来也同样属于青年。青年一代的理想信念、精神状态、综合素质，是一个国家发展活力的重要体现，也是一个国家核心竞争力的重要因素。

把中华优秀传统文化传播到五湖四海

陈琪琪

党的十九大报告指出,"文化是一个国家、一个民族的灵魂。文化兴国运兴,文化强民族强。没有高度的文化自信,没有文化的繁荣兴盛,就没有中华民族伟大复兴"。中华优秀传统文化是我们最深厚的文化软实力,也是中国特色社会主义植根的文化沃土。俯仰中华文化上下五千年,笔墨纸砚、唐诗宋词、京剧昆曲……五千年文明的薪火相传,为华夏儿女留下了灿如星河的宝贵文化财富。在科技蓬勃发展、时局风云激荡的当今时代,如何让优秀传统文化更好地延续,让优秀传统文化在新时代焕发生机,以合适的方式融入现代生活,这是每一个人需要回答的问题。我认为最好的传承方式应是巧借创新活水,为文化赋能,才能为文化拂去历史尘埃,让文化重新"活"起来。

其实优秀传统文化一直都在传承,但是载体和形式一直都在变。当我在小学时期把古诗词背到头晕目眩的时候,没有想到十几年后会有一个叫"中国诗词大会"的文化类综艺电视节目走红,会有成千上万人对着我小时候厌恶的诗词细细品味和学习。之前非常火爆的故宫淘宝,主要群体都是"95后""00后",早在2015年,故宫文创出现过很多融合传统文化的爆款,文创周边产业销售额已经突破10亿元。

我们这一代正赶上一个机遇与挑战并存的新时代,港珠澳大桥的开通、"一带一路"倡议的实施,祖国各方面的发展,祖国的强大,要求我们更应肩负起中国青年应有的责任,努力传承及弘扬中华优秀传统文化,将之传播到五湖四海。历史证明,任何一个国家、一个民族的强盛,往往是以文化兴盛作为支撑。所以,重视优秀传统文化,传承优秀传统文化,发掘优秀传统文化,是消除文化自卑、提高文化自觉、重拾文化自信的有效途径。只有将优秀传统文化作为文化自信的基石,与时俱进地凝聚于"中国梦"中,才能找到夯实文化根基、提升文化软实力、建设文化强国的正确途径。

优秀传统文化是一个国家核心竞争力的重要组成部分,在综合国力竞争中的地位和作用将日益突出!特别是我们国家领导人所提倡的人类命运共同体的科学理念已经深入人心,得到了世界各国人民的高度认可和广泛赞扬!

传播中国文化精粹，深入挖掘中华优秀传统文化所蕴含的重要思想观念，让中华优秀的传统文化走出国门、走向世界，对提升中国的国际话语权和影响力具有重大的历史意义！

身为中国人，我们要传承并弘扬中国的优秀传统文化。一方水土养育一方人民，一方人民孕育一方文化，所以文化是最能体现国家气质和民族精神的要素。每一个优秀的中华儿女都有责任大力弘扬中国的传统文化，把中华优秀传统文化传播到五湖四海。

近年来，我们国家一直在努力地对外宣传中国文化，比如与其他国家开展各种文化周、交流会，在世界各地开办孔子学院、大规模引进留学生，希望所有华侨华人都能够保留和传承中华优秀传统文化。

当前，中华民族伟大复兴呈现出光明的前景，我们比历史上任何时期都更接近、更有信心和能力实现中华民族伟大复兴的目标。传承和弘扬中华优秀传统文化，推动中华优秀传统文化的复兴，是中华民族伟大复兴的应有之义，也是中华民族伟大复兴的精神动力和精神支撑。中华文化发展至今，逐渐与经济交融，这早已不是一种单纯的精神满足，在知识经济时代它逐渐成为衡量一国综合实力的重要因素，成为一个民族自立于世界民族之林的基础。青年是国家的希望，中国青年也应传承中华优秀传统文化，把中华优秀传统文化更好地传播到五湖四海，为维护祖国统一、团结凝聚海内外中华儿女齐心共筑中国梦做出更大贡献。

唯有守住传统文化，才能始终不忘初心，独树一帜，唯有与时俱进的文化，才能永远生机勃勃，充满活力。

尺牍传情　见字如晤

张嘉媛

读《习近平与大学生朋友们》这本书，我能够深刻地感受到习近平总书记对人民的关怀，感受到他始终如一的务实作风，感受到他对于教育及咱们青年学生浓浓的关心、关爱与期望。

《习近平与大学生朋友们》一书展现了习近平总书记关于青年工作的重要思想，是广大青年干部做好新时代工作的照明灯。许多青年干部表示，在今后的工作中，要把习近平总书记做青年群众工作的艺术、方法、作风，纳入各级共青团的领导班子中心组学习和团干部教育培训内容，全面提升新时代共青团工作的能力和水平。

我阅读这本书，有几点深刻感悟：作为中国青年大学生，第一是要有爱国热情，祖国的利益永远放在第一位，对于国家要有永远的尊重与支持；第二，要明确作为学生的我们，最基本的任务是学习，利用自身优势发挥个人价值，为祖国发展贡献属于自己的力量；最后一点，要为中华民族的伟大复兴而不懈努力奋斗。

党的十八大以来，习近平总书记多次给优秀的大学生个人及群体回信，《习近平与大学生朋友们》也是以讲述信件的形式来描述内容。该书生动展现了习近平总书记与青年学生们交往、交流、交心的生动场景，让我充分感受到了习近平总书记对青年学生成长发展的关怀。

习近平总书记在回信中，总是语气肯定地鼓励在奋斗中释放青春激情、追逐青春理想的蓬勃姿态的青年学者，这更为广大青年学生指引了人生道路、明确了前进方向，勉励他们为实现中华民族伟大复兴贡献自己的智慧和力量。

"青年志存高远，青春岁月就不会像无舵之舟漂泊不定。"青年是国家的未来、民族的希望，习近平总书记告诉青年一代要志存高远、坚定理想信念，要自觉把个人的理想融入党和人民的共同奋斗之中。有一封信我印象十分深刻，是习近平给华中农业大学"本禹志愿服务队"回信，称赞他们在服务他人、奉献社会中收获了成长和进步，找到了青春方向和人生目标，并且希望青年向他们学习，弘扬奉献、友爱、互助、进步的志愿精神，坚持与祖国同行、为人民奉献，以青春梦想、用实际行动为实现中国梦做出新的贡献。

"天下兴亡，匹夫有责。"在历史与发展的镜子中，时常反映每个人的前途命运都与国家和民族的前途命运紧紧相连，作为青年大学生的我们更应该要有担当、有责任，要勇担时代使命，要永葆初心。对于国家和民族而言，"空谈误国，实干兴邦"；对于个体人生而言，实干才能做实业；对于我们来说，努力读书，发挥自我价值才能为国家的发展贡献力量。习近平总书记还勉励大家要从"会读书的人"变成"会创造的人"，争做自主创新的"排头兵"。敢于直面挑战，善于推陈出新，拿出青春该有的样子来。作为新时代的青年大学生，我们一定不要辜负总书记重托，勇敢担负起历史使命，做有志气、有才气、有锐气、有骨气的新时代中国青年，成长为德、智、体、美、劳全面发展的社会主义建设者和接班人。

此次班级团日活动的成功召开，不仅使我们深入学习和领会习近平新时代中国特色社会主义思想，明确了未来学习的发展方向，更让我们深刻认识到自己肩负的神圣使命，对助力当代青年大学生健康成长具有重要的示范意义。

"尺牍传情，见字如晤"，一封封书信往来承载着习近平总书记对我们对人民最真切的心意、最温暖的关怀。从习近平总书记给大学生的回信中，我们读出了他对青年一代的殷切嘱托与期望，也从中看到了他亲民爱民、平易近人的领袖风范。

不忘殷殷嘱托 砥砺前行

李丹倩

2020年12月，中国青年出版社出版了《习近平与大学生朋友们》这本书。字里行间，方方面面，点点滴滴，都能体现习近平总书记对广大青年一以贯之的关心和关怀，深刻反映习近平总书记对"做青年友，不做青年官"的诠释。他用亲切的目光、温和的言语打破拘束感，很健谈并且很有思想很有正能量，说出来的每个字都透着力量和鼓舞，是大学生眼中"亲切的大朋友"。

习近平总书记鼓励大学生朋友们去实践，去开展自己的第二课堂。我们的青春时代总是会遇到充满分叉的路，会遇到很多未知的选择。寒窗苦读十几载，人生之路不知往哪儿走。许多青年大学生正是由于总书记的思想引导，找到了属于自己的人生方向，或长期扎根基层，或坚持调查研究。

山河之安顺，青年应涌动朝气！青年是社会主义事业的接班人，这是我对青年人的定位以及肯定。青年是我们国家未来的中坚力量，要肯定自己未来的价值，不要妄自菲薄。我们是新时代大学生，国家需要我们，我们要努力让国家变得更好！

祖国之昌盛，青年应将知识化为利剑发声！"青年"这个词总是容易伴随着浮躁、冲动……一名优秀的青年必须着眼于未来，着力于基础，必须要脚踏实地才行！所谓脚踏实地就是做事踏实认真，兢兢业业。做好身边每一件小事，集小事成就大事。作为一名大学生，我认为脚踏实地更多的是充分安排好自己的时间，规律自我，充实自我。网络上的"佛系青年"们，要时刻意识到哪有什么岁月静好，只是有人在为我们负重前行。正如2021年夏天广州再次发生的新冠肺炎疫情，四面八方的人们奔赴广州参加抗疫工作，我们之所以能在学校安心读书，是他们穿着厚重的防护服为我们守护一片净土！

青年应展望未来，实践出真知！我国实行九年义务教育制度，这在很大程度上给予我们一个接受教育的平台。只有学好本事才能"稳住饭碗"，更好地为社会主义事业添砖加瓦。行胜于言，读万卷书不如行万里路。正如习近平总书记鼓励我们青年要从基层做起一样，我们要踏实实践，做好每一件事情。

  定吾心，追吾梦！这是《习近平和大学生朋友们》一书留给我最深刻的印象。我们都是爱做梦的普通人，但我们要勇敢做追梦的普通人。祖国的未来靠我们，而作为新时代的青年应当有"奈何七尺之躯，已许国，再难许卿"的无私奉献精神，应当有着"纵有千古，横有八荒，前途似海，来日方长"的民族希望，更应有"人事有代谢，往来成古今，江山留胜迹，我辈复登临"的伟大志向去奔赴属于我们的未来战场！

以青春之名 担时代之责

韦梅娣

在读《习近平与大学生朋友们》一书时,真切地感受到了习近平总书记与大学生们的亲密无间,深深地感受到了习近平总书记对新时代青年的深切关怀与殷切厚望。我们生逢盛世,更应以青春之名,担时代之责。

当读到"习书记来到我们的慈善爱心屋"时,我内心真的感慨万分。习近平总书记非常关心家庭经济困难学生的学习生活,并且特意来到学校的慈善爱心屋,与学生志愿者亲切地交谈,并以个人名义捐了400元,勉励他们要将爱心播种在更多人的心中,我真切地感受到了习近平总书记对学生充满浓浓的爱意,时刻关注着学生的学习与生活。作为一名新时代大学生,我加入了志愿者队伍,周末和寒暑假,我都会去参加志愿服务活动,参加关爱留守儿童、新春送希望、去敬老院给老人送年货、搞卫生等活动。我认为这是新时代青年学生都应该有的风貌——乐于助人,播种爱心。我将会不忘初心,继续积极参加志愿服务活动,给更多需要帮助的人提供帮助,为公益事业贡献出一分微薄之力,把爱心播种在更多人的心中,把爱传递下去,让更多人感受到爱心的温暖。

当读到"习总书记寄语我们'生逢其时,为之奋斗吧'"时,内心深有感触。脑海里时刻回想起习近平总书记对我们的寄语:我们比历史上任何一个时期都更接近中华民族伟大复兴的目标。在什么时间要做什么事情,无论做什么事情都要脚踏实地。在校期间,我刻苦学习专业知识,积极参加学校的各项活动,我参加了"跨境电商技能大赛""国际贸易理论知识竞赛"等比赛,把所学的专业知识运用起来,在这个过程中我发现自己的不足,及时查漏补缺,一步一步地提高各方面的能力。我认为新时代的大学生都不应辜负时代,应脚踏实地地走好每一步,坚定地为实现中华民族伟大复兴而奋斗。

我读了这本书之后,内心感触颇深,仿佛跨越时空,身临其境,拉近了习近平总书记与我之间的距离,真切地感受到了人民领袖对青年一代的亲切关怀和殷切期望,习近平总书记的一言一行深深地影响着我,让我内心充满了奋斗力量,时刻激励着我,成为我人生道路上一盏明亮的引航灯。

天将降大任于斯人也，新时代机遇与挑战并存，面对这复杂的环境，新时代大学生更要踏上新征程，担当新使命。作为一名新时代的大学生，肩负着新时代重任，我们不仅要孜孜不倦地学习掌握专业知识，锤炼过硬本领，而且要有坚定的理想信念、筑牢精神之基，不驰于空想，积极主动出击，脚踏实地地为实现中华民族伟大复兴而奋斗，不负新时代对我们青年大学生的期望，继续谱写新时代的华章，追逐中国梦的步伐永不停止！

用时代巨笔 谱写新时代青春之歌

陈怡琳

《习近平与大学生朋友们》一书一出版，在全国引起巨大的反响。我读完该书后，有了十分深刻的感悟。

知行合一，走理论与实践相结合的成长之路。习近平总书记说，让我们从基层做起，凡事都是需要一个好的根基。因此，作为青年必须发扬"自找苦吃"的精神，牢记习近平总书记的嘱托，"立志要高、起步要低""重视实践、知行合一"，以青春之热血，投身于为祖国奉献的热潮中。作为新时代青年，要积极投身于社会实践中，用实际行动认识了解社会，在实践中绽放青春光彩。只有沉下心来去基层深入走访调研，才能真正为基层发现问题和解决问题，才能让我们在实践中学会求真务实、学以致用。

树立正确积极的观念。我们要树立"青春是用来奋斗的"积极观点，在苦干实干中实现人生价值，把视线投向祖国最需要的地方，到基层和人民中去建功立业。在充满挑战和机遇的时代，青年应在实践中培养顽强的精神。而非妄自菲薄，沉迷于互联网之中，大学生是一个拥有青春活力的代名词，不能成为"咸鱼"而碌碌无为。

社会主义核心价值观，这不仅是需要我们铭记于心的"二十四个字"，而且是需要做到平时所说的落实，不能像当今网络上的所谓"键盘侠"，嘴上说得天花乱坠，但是却不能履行承诺，光说不练假把式、说到而做不到，那又有什么意义呢？作为当代大学生，践行社会主义核心价值观要着重落实在行动上，首先要如习近平总书记所说的树立科学的精神，不断加强业务学习，只有这样才能储备好本领来报效祖国。其次是要树立服务的理念，从大学就要开始贯彻这种思想，把为人民服务作为一种习惯，让其成为一种人生的态度，可以是参加各类志愿服务工作，或是在地铁、公交车上一个小小的让座行为等，努力实现自身的价值。最后是要有勇于担当的社会责任心，我们始终要意识到——我们肩上负有中华民族伟大复兴的责任和义务。

我印象最深刻的是习近平总书记的一条寄语——"我们提出'两个一百年'奋斗目标，实现中华民族伟大复兴的中国梦。我们比历史上任何一个时期都更接近中华民族伟大复兴的目标,从来没有像现在这样接近。你们年轻人,处于一个伟大的时代,有着这么伟大的目标,生逢其时,为之奋斗吧!看你们的了!"是啊!在这个万物互联的时代,人们的生活步伐几乎可以用飞来形容了,未来会有更多的、更新奇的、更有趣的,或是更困难的事物等着我们,就让我们用时代的巨笔来谱写这新时代的青春之歌吧!

空谈误国　实干兴邦

曾杨杨

　　读完《习近平与大学生朋友们》这本书,我深切地感受到了习近平总书记对青年人的深切关怀。本书记录的人物所涉及时间跨度长达三十多年,采访对象几乎涵盖了改革开放以来各个年龄段的大学生。习近平总书记在这些青年人身上看到了国家的希望,大学生们也从与总书记的谈话中坚定了前进方向。

　　我们是新中国冉冉升起的新星,是共产主义的接班人,是国家民族发展的希望。2016年,习近平总书记在知识分子、劳动模范、青年代表座谈会上的讲话中说道:"青年的人生之路很长,前进途中,有平川也有高山,有缓流也有险滩,有丽日也有风雨,有喜悦也有哀伤。心中有阳光,脚下有力量,为了理想能坚持、不懈怠,才能创造无愧于时代的人生。"理想是人生前进道路上的指向标,我们做事要先树立目标,朝着目标前进才能少走弯路。理想这条路"看似寻常最奇崛,成如容易却艰辛"。我们要坚定自己的理想信念,不忘初心,牢记使命,终能到达理想的彼岸。

　　明确了目标,我们要开始奋斗,努力从无到有,从小到大,积小流以成江海。古人云:"志之所趋,无远弗届,穷山距海,不能限也。"我们的征途是星辰大海,我们都有一个光明的未来,国家的发展和未来要靠我们去奋斗,去创造,去实现。我们要迎难而上,脚踏实地,不懈奋斗。

　　习近平总书记说:"现在,青春是用来奋斗的;将来,青春是用来回忆的。"他倡导年轻人要"自讨苦吃",要将理论知识同实践相结合,学以致用。现如今有的青年想一劳永逸,不肯踏踏实实地去拼搏创造,吃得了学习上的苦,却吃不了生活上的苦,当理想与现实产生的差距越来越大,心理落差也会越来越大,最后可能会导致精神上的崩溃。我们无论什么时候都要脚踏实地,永不言弃,要"志存高远,行循自然"。

　　梦想从学习开始,事业靠本领成就。我们正处于一生中最生机勃勃的年华,我们应该努力学习理论知识,求知若渴,筑牢自己的知识"地基",为以后建设"高楼大厦"做准备。科学技术是第一生产力。习近平总书记说:"希望当代大学生珍惜韶华,把学习成长同党和国家的事业紧紧联系起来、同社会和人民的需要密切结合起来，用青春铺路，让理想延伸。"结合当前国际社会实际，谁掌握的核心技术多，谁在国际竞争中就处于越有利位置。落后就要挨打，纵观中国近代，我们被西方列强侵略掠夺，直到中华人民共和国成立后，无数科学家的鞠躬尽瘁才让中国渐渐强大起来，在国际社会中挺直腰杆。身为大学生的我们更应该铭记历史，努力学习，知行合一，学以致用，让国家更加繁荣富强。

《习近平与大学生朋友们》这本书带给我除了以上感触外，还让我理解了"空谈误国，实干兴邦"的深刻含义。再好的科学理论，如果不付诸实践，终是白纸一张，难成气候。习近平总书记多次强调要理论结合实践，"道不可坐论，德不能空谈"。我们要立足本职，埋头苦干，用勤劳的双手去创造，用一身才干去成就自己，要将个人实际同国家发展相结合，主动到祖国最需要的地方去，攻坚克难，去创造属于自己的神话。

以青春之我　创建青春之国家

梁静川

青年一代有理想、有本领、有担当，国家就有前途，民族就有希望。近段日子，我认真阅读了《习近平与大学生朋友们》一书，内心深有感触。该书是深入学习习近平总书记关于青年工作的重要思想的鲜活读本，对做好新时代青年工作、助力当代青年健康成长具有重要示范意义。也是一本我们大学生深入学习贯彻习近平新时代中国特色社会主义思想、做好新时代新青年最直接、最生动、最鲜活的学习教材。

时代呼唤使命，责任呼唤担当。在书中的第十七篇访谈中，记录了赵楠接受中青报的采访实录，他在采访中回忆了2013年7月17日习近平总书记视察的场景：当天，习近平总书记即将离开科大，向前来送行的研究生们做了一场即兴演讲。当时，总书记对在场的同学们说："我们处于一个伟大的时代，有着伟大的目标，可谓生逢其时，责任重大……"

看到这里，我脑海中不禁浮现出了那些一线青年奋不顾身投身于全国抗疫工作的身影。新冠肺炎疫情的暴发，青年们毅然、决然地逆行向前，白衣执甲，团结一心，共同筑起抗击疫情的青春防线。诚然，青年人应当学以立志、立业、立品，将自己所学的知识运用到实践中进行提炼，为社会做出贡献，努力担负起时代赋予的使命与责任，这也是习近平总书记对我们青年大学生的殷切期望。

吾辈青年不仅要学好专业知识，也要在志愿服务中练就过硬本领，增强自身能力，才能更好地担当时代的使命。在《习近平傍晚与我们社会实践团座谈》一文中，习近平总书记就讲道："不要认为学校中学到的知识是高超、万能的，只有到社会中与群众打成一片、扭到一起后，产生了社会责任感，才能获得真知灼见。"习近平总书记的这句话让我回想起自己在各种志愿服务活动中的经历。没有踏过服务地的一山一水，就不会深入到人民群众的生活中，就不会真正地了解人民群众。因此，青年学生在校期间的首要任务是搞好学习，学好本领，提高自身素质。要讲求实干，将理论与实践相结合，注重实践，有实践的能力和勇气，才能在实践中提高处理问题和解决问题的能力。

回望百年以前，青年学生为了新的民主而迸发激情，为了新的中国而追求先进。百年以后，我们的民族正在走向伟大复兴，这百年也见证了我们青年学生的改变。在实现"两个一百年"的伟大目标上，我们就是主力军。

　　在这个百年未有之大变局下，吾辈身为青年，无论是在救死扶伤的抗疫一线，还是在科研攻关的前沿阵地、在乡村振兴的奋斗岗位，都能在这个时代找到人民需要、国家需要的地方。青年一代大学生是未来的栋梁，在读完《习近平与大学生朋友们》这本书后，我更确信，祖国的未来需要我们青年大学生的努力和奉献，吾辈青年应当以青春之我，创建青春之国家。

以青春之我　担时代之责

卢梓莹

　　2021年是我国在新时代的历程上重要的一年，是中国共产党成立100周年的重要历史节点。百年征程波澜壮阔，百年初心历久弥坚。奋斗百年，我们还是从前那个少年，初心从未有改变，百年只不过是考验，中国盛世美景不断创建。

　　30多年来，习近平总书记走访了多个地方，积极与各地方的青年大学生们交流交心交友，展现了习近平总书记对青年大学生朋友们的关注、关怀与关爱。于是便有了采访实录《习近平与大学生朋友们》这一书的出版，自它出版以来，深受广大青年与社会各领域的关注，各大媒体纷纷转载。青年是国家的未来和民族的希望。读者们能够从中感受到习近平总书记对青年大学生一代的殷切希望，也能感受到习近平总书记的话语在潜移默化地影响并激励着他们。

　　"新时代中国青年处在中华民族发展的最好时期，既面临着难得的建功立业的人生际遇，也面临着'天将降大任于斯人'的时代使命。"这是习近平总书记在2019年纪念"五四"运动100周年大会上的重要讲话。习近平总书记对大学生的重视与关怀始终如一，事无巨细。在厦门工作期间，习近平总书记对张宏樑说："我刚来厦门，认识的人也不多。你周末没事欢迎过来聊一聊，我很想了解你们大学生都在学什么、想什么、做什么。"总书记与青年大学生朋友们交流谈心，给我带来的感触颇深。我认为新时代的青年就应该做到以下几点：

　　一是学会自主创新，掌握核心技术。2016年习近平总书记到江西南昌大学国家硅基LED工程技术研究中心看望师生，鼓励他们大力发扬创新精神，新兴产业的发展指日可待，他始终相信并期待着我国的创业创新技术人才会如雨后春笋般地涌现，我国的明天会更加光明。

　　二是要重视实践，知行合一。"千里之行始于足下""读万卷书行万里路"等，说明了我们必须学而行，行必果。学习的目的便是实践，大学生应该走出课堂，多做社会实践，增长见识。志存高远，自强不息是大学生应有的态度和精神。青年一代要在大学生活里多做有意义的实践活动，未来便可在社会的广阔天地大显身手。

  三是做"六有"大学生。做有理想、有追求的大学生，做有担当、有作为的大学生，做有品质、有修养的大学生。2016年习近平总书记到中国科技大学考察时，特意到图书馆看望正在自习的同学们，与大家交流分享，曾经在宁夏海原支教一年的公共事务学院博士生吴茂乾向习近平总书记汇报了自己的支教经历，习近平总书记详细询问了他的支教体验与感受，勉励他继续为西部脱贫致富做出贡献。

  以青春之我，担时代之责。一代人有一代人的际遇和机缘，一代人有一代人的使命和挑战，我们青年要树立正确的价值观，脚踏实地为社会献出自己的力量；要找准方向，为祖国和家乡的发展贡献自己的青春力量。我们青年大学生应勇立潮头，为祖国的伟大事业奋斗，今后自己要多"自找苦吃"，把书本上的知识与群众实践相结合，争做新时代优秀青年。"美哉我少年中国，与天不老！壮哉我中国少年，与国无疆！"

砥砺前行　不负韶华

郭可丹

阅读了《习近平与大学生朋友们》，我受益匪浅，心中有许多体会与感悟。作为当代大学生，从此书字里行间，我感受到习近平总书记对我们寄予了深厚的期望。作为共青团员，我更能感受到，在共产党的带领下，我国现在欣欣向荣的局面来之不易。

第一章中，在给河北农业大学正定籍学生的信里，习近平总书记留下了这样一段话："古人'十年寒窗'是为了金榜题名，功成名就，衣锦还乡，光宗耀祖。这一套陈腐的观念，当然为我们社会主义新时代的大学生所不齿。相信同学们都有着明确的学习目的，都有着奋发图强、献身四化的远大志向，一定是不会辜负这'黄金时代'的宝贵时光的。"

作为一名学前教育专业的在读大学生，我不禁开始思考，自己的人生目标是什么，为了我的目标，我应该如何度过这几年大学时光？作为未来的教育工作者，我又该如何守住自己的初心，为祖国的教育事业贡献自己的微薄力量呢？我想，立足当下，做好每一件小事，应该是现在最重要的事吧。作为大学生，我们的第一职责依旧是学习。上好每一节专业课，做好每一份作业，准备好每一场考试，这都是我们现时应该做的。只有提高自己的知识素养，才能为今后参与社会工作打下夯实的基础。

在第三章中，习近平总书记提倡年轻人要"自找苦吃"，这也引起了我的思考。作为21世纪的新青年，我们何其幸运，生在了如此繁华幸福的年代。在这个我国全面脱贫的2021年，我们的物质生活足够丰厚，同时，我们也不像祖辈那般吃过物资短缺的苦。这是不是代表着我们可以松懈身心，无所追求呢？答案当然是否定的。作为当代青年，我们应该能吃苦，不怕苦不怕累。如同习近平总书记所说"幸福是奋斗出来的"。我们要不断奋斗，才能拥有更好的生活。

习近平总书记曾说过："广大青年要坚定理想信念，志存高远，脚踏实地，勇做时代的弄潮儿，在实现中国梦的生动实践中放飞青春梦想，在为人民利益的不懈奋斗中书写人生华章。"

作为未来的幼儿教师，我想，师德为先是最重要的。儿童是祖国的花朵，我们的职责，是呵护他们健康快乐成长。我的专业老师曾说过，"中国的希望，在教育"。我深以为然。作为教育工作者，我们应该坚守初心，将爱与热情奉献给自己的工作岗位。

习近平总书记对于青少年一直寄予厚望。这让我们无数大学生的内心充满着温暖。我们的国家充满着无限希望，同时我们的肩上也扛着义不容辞的重担。建设祖国，人人都是参与者。不论以后我们走向祖国哪个角落，从事什么职业，都不能忘记自己的初心，要将正能量一代一代传承下去。

看完这本书，我觉得我们的生活有无限希望，未来有无限可能。但这些都离不开我们的努力拼搏。"千淘万漉虽辛苦，吹尽狂沙始到金。"我们会立足当下，好好学习，充实地过好大学的每一天，做一个积极向上的大学生。

无问西东　砥砺前行

邹牡艳

在这个假期中,我阅读了《习近平与大学生朋友们》一书,一时间认真写下心中感慨。看完之后,我的脑海不禁回想起电影《无问西东》里的一句话:"如果提前了解了你们要面对的人生,不知你们是否还会有勇气前来?"在书中,我们也能看到很多在面对选择时的迷茫,大学生们在不一样的时代浪潮中,所面临的挑战也不一样,但我们仍能从中得到启发。至今为止,无数的前人也用行动告诉我们:"爱你所爱,行你所行,听从本心,无问西东,砥砺前行!"

在谈到为什么要到基层工作时,习近平总书记讲,他对农村工作有感情,机关虽然工作条件好,但要真正做点儿实事,要充实自己的生活,实现自己的价值,还是要到第一线,从基层干起。习近平总书记告诉大家,干好基层工作要做到四点:第一点就是要有兴趣、有热情,这是基础。他说他到了正定以后,虽然忙,矛盾层出不穷,但感觉很充实,很乐意与各种矛盾做斗争,也没有克服不了的困难。这种繁忙已经成为生活的乐趣。在这个广阔的世界中,在这个长久的人生里,我们是凭借着对一件事极致的敏感和热情,摸索出攀登的道路。纵观过去,罗杰·彭罗斯与霍金就"无限致密的奇点究竟能否存在于黑洞之外"进行了长达30年的论战;玻尔与爱因斯坦就"量子力学与广义相对论之间的不相容"进行了长达20年的辩论。立足现在,有人因为热爱选择坚守在祖国边疆最苦寒之地,无怨无悔;有人因为热爱选择自己奋斗不止的青春,独一无二……

在这个快节奏的时代,每个人每天或者每个时刻都会面对不一样的选择。在阅读完本书之后,问自己,我们的"本心"是否已经确立好?我们的本心又该何去何从?2014年5月4日,习近平总书记到北京大学考察,参加师生纪念"五四"运动95周年青春诗会,在英杰交流中心与师生座谈时,习近平总书记称赞当代大学生是"可爱、可信、可贵、可为"的,嘱咐同学们"人生的扣子从一开始就要扣好",勉励青年学生从现在做起,从自己做起,"勤学、修德、明辨、笃实",使社会主义核心价值观成为自己的基本遵循,并身体力行将其推广到全社会去,努力在实现中国梦的伟大实践中创造自己的精彩人生。而在 2020 年新冠疫情暴发之际，据不完全统计，有 111.8 万余名团员勇当先锋，为抗击疫情贡献力量。各省（区、市）团委总共预招募志愿者 170.4 万人，其中上岗志愿者 137.1 万人；全国近 70 万名返乡大学生团员就近向社区（村）报到，投入到城乡联防联控工作中……我们看到了前人的所选所行不问西东，只为实现我们共同的中国梦！

  坚持所爱，砥砺前行。在这一段时间里，我越发认识到，我在基本功方面仍有许多不足的地方，需要更加努力。2010 年 12 月 7 日，时任中共中央政治局常委、中央书记处书记、国家副主席习近平在重庆考察期间，他对重庆师范大学的同学们说道："大学时期是我们获得知识、丰富知识、打下基础的一个重要阶段，一个关键时期，也是我们提高学习能力的一个黄金时代，所以我们一定要利用好大学时期，很好地打下这个基础。"如何打好基础呢？首先便是知识面需要扩展，大学阶段是一个不断充实自己基础知识的阶段。我们现在正处于不断学习、永远学习的时代，我们每个人都要终身学习，所以更应该抓住这个时间打好基础，否则很快就会坐吃山空；其次便是重视实践，知行合一。学习更重要的是它的实践性。我们将来走向社会，自然是以实践为主，所以我们要尽可能利用在大学的时间做一些社会实践，积极参与社会活动；最后就是立志要高、起步要低。大学生应该端正择业观念，精准定位，在社会的广阔天地大显身手，到祖国最需要的地方去。志存高远的青年一代，立志要高，但起步要低，一定要脚踏实地，在基层摸爬滚打后，终会脱颖而出……

  习近平总书记每一次讲话，都真挚地表达了对大学生们的殷切期望，希望我们都能仰望星空，脚踏实地，为实现中华民族伟大复兴而努力奋斗！前路漫漫，望能与君共努力！

到实践中去　与时代俱进

张伟君

习近平总书记邀请河北农大正定籍学子暑期回乡搞社会调研，鼓励广大青年将自己学到的理论知识运用到实际生活中，并指出学东西要学无止境，所有学到的东西都是有用武之地的。

身为一名在粤东偏远山区成长的孩子，纵观家乡这10多年的发展，不得不感叹其变化之大、发展之迅速。10年前家乡的农业发展总体上看显得略微杂而乱，发展观念、思想理念和生产工具等较为落后，近些年村民们结合当地的实际种植环境状况，在国家和政府的扶贫攻坚政策支持下，顺应当地的经济发展趋势，靠近海边的村民们共心齐力发展起了渔业和海景旅游业等，而靠近山区的村民们则不谋而合发展起了生态茶叶、地方特色农产品种植以及原生态风景旅游业。

通过实际观察发现，学习专业知识的大学生对于家乡农业、渔业、旅游业和道路建设等发展的促进作用还不是特别明显，家乡的大学生许多人并没有选择返乡，而是选择去往广州、深圳、汕头等城市谋出路。因此，家乡的发展壮大主要推动力还是一些中老年人群，他们对理论知识的掌握还是相对较为薄弱的，更多的时候会依赖实践。

在村里面，有10来年的果树，在旺果期都不结果子而是疯长，乡亲们却不知道是什么原因，不会修剪果树，也没有修剪的技术。当时在学校的老师还有临近毕业的学生都已经掌握了这些技术，如果回乡工作的话，解决果树不结果的问题不是一件难事。可见，农村确实需要知识，需要人才，需要懂得一定的农学、农经、农机、牧医、植保、园艺等各个专业的知识的人，才能更好奠定农村的农牧渔业等经济领域发展壮大的基础。

2021年春节我回乡，走在乡间的道路上，看着道路正在改造建设为省道，抬头遥望连绵的高山，皆为成片化、规模化发展的茶山、梅花树林、果树林等，我感到非常诧异，不由自主地发出了一声感慨："物以稀为贵，按照往年的规律，今年农产这么丰富，想必批发价、零售价都会有所下降吧！"常年在家务农的父亲却笑着回答："其实不然，这两年很多年轻人不再认为在农村发展没有出路了，看到山上在烈日当空下埋头苦干的那几位阿哥没？

别看他们晒得黝黑,穿着不讲究,头脑可精明着嘞,给村里人讲授了不少农业种植、生产、销售的知识,像他们一样的青年人现在村里也不为少数了。村里的基层干部也常年会组织带领一批批村里人到一些经营较为成功的实验田等地方去学习调研,学成后回来应用到实际中。现在已经不再像往年一样那么依赖外地客商来低价收购了,我们可以运到该产品的热销景点自产自销,也可以将线下生产和电商平台营销结合起来。"

青春于大学生来说,充满着朝气与希望、拼搏与干劲,在确立人生目标之际,难免会有些迷茫。在阅读了《习近平与大学生朋友们》一书后,再结合现实生活,我心中有了明确的答案。作为当代大学生,我们若想跟上时代的浪潮,必须培养战略眼光、科学精神,练就坚韧品格。特别是大学求知之程,要脚踏实地,对知识、对学术不懈追求,将个人命运融入祖国未来蓝图中。

学会换位思考

李煜林

"少年心事当拏云,谁念幽寒坐呜呃。"我们作为新时代青年应当用"理想信念"彰显青春力量。

在《习近平与大学生朋友们》一书中,习近平总书记寄语青年:"青年理想远大、信念坚定,是一个国家、一个民族无坚不摧的前进动力。"每个人都有自己的理想信念,关键在于怎么去实现它。或许我们会没有方向感,那我觉得我们不妨把目光投向习近平总书记给北京大学援鄂医疗队全体"90后"党员的回信,他在信中充分肯定广大青年在新冠肺炎疫情防控斗争中彰显了青春的蓬勃力量,交出了合格答卷,深情称赞新时代的中国青年是好样的,是堪当大任的,殷切嘱托新时代青年迎难而上、勇挑重担,让青春在党和人民最需要的地方绽放绚丽之花,其言谆谆、其情切切。从中不难看出,我们作为新时代青年的方向应该是,要用事实和行动证明,我们没有"掉链子"、不是"娇滴滴的一代",而是能当大任、努力奋进的一代。

"少年强则国强"。时代在不断发生着悄无声息的变化,而我们作为在祖国和平庇护下成长起来的一代,有着应对时代变化、为国效力的使命责任。我们要谨记习近平总书记在《习近平与大学生朋友们》的谆谆教导。

我们要体会长辈们给予我们的深切关怀与正确道路的指引。有人会说"00后"是中国垮掉的一代,其实,如此言论的出现不过是多个年代的人跟"00后"有了时代的"鸿沟"。日常中我们与长辈沟通出现鸿沟,其实都是双方彼此之间并没有互相换位思考过,我觉得我们这一代去聆听老一辈的教导时,必须要学会换位思考。如果我们不站在老一辈所处的时代背景下去思考他们的话,是很难去理解他们话中的情真意切,因为他们生活的年代跟我们生活的年代有着完全不一样的思考,所以我们不要着急去否定他们的教导,不妨换位思考一下。

如果我们处在那个动荡的年代,我们又会有怎么样的价值选择呢?而老一辈教育给我们听的,往往是他们几十年阅历最精华的部分,是恳切希望我们可以站在他们的肩膀上走得更顺遂一些。而有的人估计会忍不住地说,他们很多话带着他们那个年代的偏见,我们为什么要听?对此,我认为作为青年人应该有是非对错的自我判断能力，进行理智分析，然后取其精华，去其糟粕地学以致用。习近平总书记是非常关心我们大学生的三观养成的，所以在《习近平与大学生朋友们》一书中留下来殷殷话语。

我们是新时代幸福的一代，不能辜负国家和人民对我们的期盼，要在长辈们的殷切话语中，有所分析地学以致用，借此不断充盈自己、完善自己。

我们要保持积极向上的心态；认真学习科学文化知识，不断提升自我专业技能与实践能力；对标榜样，不断完善自我道德品质。在成长成才后毅然投身于建设富强中国的事业之中，在奉献中燃烧自己，让自己的人生附上新时代的意义！

吾辈当自强

杨伟明

  大学生是新时代社会主义接班人,习近平总书记自始至终非常关心青年一代的成长。习近平总书记曾经寄语给青年一代:"青年一代有理想、有担当,国家就有前途,民族就有希望,实现中华民族伟大复兴就有源源不断的强大力量。"作为国家领导人,事务繁忙,但他多次接触青年,感受青年一代的温度,关注青年一代的所思所想、所行所为。《习近平与大学生朋友们》一经出版,迅速兴起了"青年大学习"的热潮,引发青年们热议。

  深入基层,真切感受基层生活是习近平总书记对我们提出的重要目标。在书中,习近平总书记对重庆师范大学的同学们讲:"志存高远的青年一代,立志要高,但起步要低,一定要脚踏实地,在基层摸爬滚打后,终会脱颖而出。"习近平总书记就是在基层中不断历练,吃尽苦头,总结了大量经验,才有了今天的真知灼见。

  其实在我深入读这本书之前,我们经历了新冠疫情,曾被认为"90后"是垮掉的一代在新冠疫情中充当了主力军角色。2020年2月,广东省的首例死亡病例出现在我的家乡肇庆,新冠疫情瞬间把空气都压得窒息,当晚已经差不多11点了,武装部动员退役军人组成抗疫应急小队,"若有战,召必回",当时退役军人们很快响应并表现出非常大的决心。当我再次穿上迷彩服时,我的心既激动又忐忑,我想念我的迷彩服但我又希望这就是我的最后一次穿迷彩服。当晚防疫应急队临时组建,第二天早上开会,中午立刻上岗,其实如果除去睡觉时间,仅用了4个小时就完成了动员、开会、上岗整个过程。习近平总书记在疫情期间先后两次给在首钢医院实习的西藏大学医学院学生、北京大学援鄂医疗队全体"90后"党员回信,习近平总书记其实一直都在关注与重视我们的大学生朋友,勉励青年在党和人民需要的地方绽放绚丽之花。

  我们有很多种方式来度过我们的青春,今天我看到了许多大学生响应国家的号召,主动放弃厚薪酬劳,选择深入基层,把自己的青春奉献给一方热土,把自己的理想与改善民生相结合,为实现中华民族的伟大复兴贡献自己的一分力量,他们选择了基层,选择了奉献。这份执着和坚毅无疑是对"行循自然"一词最好的诠释。大学生是青年的主力军，我作为一名大学生，有着不可推脱的使命，我会努力钻研专业知识，不断学习与提升自我，希望有一天有能力去到国家需要的地方，有能力去为社会办实事，实现自我价值。我们青年一代作为社会主义接班人，应该不忘初心，牢记使命，把自己的理想和赤子之心融入中华民族伟大梦想——实现中华民族伟大复兴。

  青年一代，吾辈需努力，吾辈当自强！

褪去书生气　染得泥土香

林锦云

　　青年是国家的未来和民族的希望。在《习近平和大学生朋友们》一书中，我深刻感受到习近平总书记长期以来对青年尤其是大学生的高度重视和深切关怀。大学生眼里的总书记："说出的每一个字都透着力量和鼓舞""那笑容、那目光是那么的亲切、和蔼""和我们一点儿距离也没有"……多年以来，习近平总书记一直和大学生保持密切的交流交心关系，亦师亦友，担当着广大大学生人生道路的指明灯的角色。

　　早在30多年前习近平总书记就向正定县大学生们介绍县内建设取得的成绩，提出县建设发展的不足是农村迫切需要农大学生，家乡的父老乡亲都翘首以盼，让河北农业大学的大学生们感受到挑梁扛柱的责任，增添了奋发图强的力量，激发了献身"四化"的决心。

　　习近平总书记提倡年轻人要"自讨苦吃"。1985年，习近平总书记在张宏樑的毕业纪念册上亲笔题写了"志存高远，行循自然"八个字，嘱咐他一定要下基层，为老百姓做事。中秋节还亲自骑着自行车给学生送月饼，提倡年轻人要"自讨苦吃"。在和张宏樑的谈话中习近平提及自己当知青时的故事：大冬天下到粪池里起粪——那是当时农村最苦的活，但他每次都是干得最多，第一个主动抢着干的。下乡要过五关：跳蚤关、饮食关、生活关、劳动关、思想关。其中劳动关是关键的一步，只有跨过了劳动关，树立了"自讨苦吃"的想法，才能砥砺思想，让你的思想更加靠近老百姓，也让老百姓更加信赖你。习近平的话语让张宏樑坚定了"自讨苦吃"的想法，并且在之后的学习生活中坚定磨练自我"自讨苦吃"的想法。

　　读着《习近平和大学生朋友们》一书，我真切地感受到习近平总书记对大学生的关怀，深深地领悟到"生逢其时，重任在肩"。身为当代大学生，我想结合我的成长经历谈谈我的想法。

　　正如习近平总书记寄语青年大学生："要志存高远、脚踏实地、行循自然，学好知识，打好基础，增长才干，将来为中华民族伟大复兴贡献自己的智慧和力量。"我们首先要确立学习生活的目标，我们是为什么而学，为什么而奋斗？身为当代大学生，在为自己的未来做打算的同时应结合国家实情需求，勉励自我，志存高远。将小我融入大我，将个人奋斗融入时代发展大潮，才能不负青春韶华，成就精彩人生。然后是脚踏实地，"自讨苦吃"，只有踏踏实实地发展好自己，才能褪去"书生气"，染得泥土香。我们应以习近平新时代中国特色社会主义思想为指导，始终牢记习近平总书记的教导，自我勉励，到基层去，到祖国需要的地方去，在那里发光发热。

比照·参照

陈为冰

　　每个人的心中都会有一个比照和参照。比照即比较和对照，定是双方且有对象的，这个对象可以是令你感到一时安慰的"比较失败者"；也可以是给你敲响警钟的"比较成功者"；而在我看来，最值得我们费心去比照的对象应该是我们自己，准确来讲，应该是不同阶段的我们自我比较，精益求精，去追求每一次的进步。

　　我一直以"人生最大的敌人是自己"这样的警句为座右铭，时刻严格要求自己，但苦于始终找不到提升自我的核心引导。终于，在我光荣地进入"青马班"的时候，有幸拜读了此书并成功找到了指导方法。1985年，时任厦门市常委、副市长的习近平同志因回信结缘而时常关切厦门大学的同学，深入厦门大学经济系与青年师生座谈，他提倡年轻人要"自找苦吃"。这就让我回想起习近平总书记曾经的七年知青岁月，这可不就是"自找苦吃"吗？

　　实际上，"自找苦吃"并不是真的没事找事干，而是通过对自身有针对性的、有计划性的实践去提升自己的某一方面或多个方面的能力，以达到深入实践而不是空有理论。习近平总书记强调，做人做事要"注重细节"，并且教导青年学生"要给书本上的知识'挤挤水'，才能得到知识'干货'"，"只有和群众实践结合，才能把'水分'挤掉"。在大学生活里，参加实践活动就是"自找苦吃"，也是对自己的提升，提前适应和体验社会不同领域对求职者的要求。

　　如果说比照要通过外化于行来实现，那么参照更多的就是要内化于心，寻求一个可以延用终生的内心支撑，只有参照对象选对了，内心支撑足够了，才能够建立起一个强大的精神世界。

　　那么，作为新一代党员青年大学生就更有必要找对一个强大的榜样力量来作为人生指导了，指导什么呢？引导我们树立正确的核心价值观；教育我们爱护自己的国家和国家的象征，拥护党的领导；勉励我们要志存高远、修身养德、勤于学习、创新奉献，争做自主创新的"排头兵"。

党就是我一路前行的指路明灯。作为一名光荣的预备党员，我认为要读党史，因为党史可以影响精神的塑造；要做党员，因为党员可以鉴别自身的不足；要跟党心，因为只有跟党一条心，才能不忘初心，铆足劲儿干大事，助力祖国繁荣昌盛。只要祖国好了，老百姓自然也和乐安康。

把党的红色基因内化于心、外化于行就是我人生最想做到的规划，我相信，拥有红色基因、具有红色精神、敬仰红色人物的人，无论身在何方，路也永远是在脚下的。

自找苦吃　砥砺前行

邓嘉骏

《习近平和大学生朋友们》一书是深入学习习近平总书记关于青年工作的重要思想的鲜活读本，对做好新时代青年工作、助力当代青年健康成长具有重要示范意义。

回望百年以前，青年学生为了新的民主而迸发激情，为了新的中国而追求先进。百年以后，我们的民族正在走向伟大复兴，这百年也见证了我们青年学生的改变。

在实现"两个一百年"的伟大目标上，我们青年就是主力军。正如习近平总书记所说，希望当代大学生珍惜韶华，把学习成长同党和国家的事业紧紧联系起来、同社会和人民的需要密切结合起来，用青春铺路，让理想延伸。我想，当下，在这个百年未有之大变局下，吾辈能够做的有很多。身为新时代青年，我们无论是在救死扶伤的抗疫一线，还是在科研攻关的前沿阵地、在乡村振兴的奋斗岗位，都能在这个时代找到人民需要、国家需要的地方。

在班级开展了团日活动之后，我也了解到习近平总书记去过许多大学，与大学生们一起开展团日活动。在经过一番网上搜索及认真学习了《习近平与大学生朋友们》系列报道，我感触良多。其中"习近平总书记提倡年轻人要'自找苦吃'"这一篇让我感触颇深。

回想起刚进入大学的时候，因为想有一番作为，我便立下誓言——要当一名班长。开学班干职位竞选时，在同学们还在犹豫之际，我自告奋勇，"自找苦吃"去竞选班长这个职位。在同学们的支持下，我有幸成功当选了。起初，因为完全没有当过班长的原因，对班长要做的许多工作都不懂，常常忙得焦头烂额，但我虚心地向他人请教，也寻求师兄、师姐们的帮助。在师兄、师姐们的指导下，我反复修改、仔细思考，最终得到了一份属于我自己的"答案"。

正是"自找苦吃"，让我提高了工作效率，并且大大改变了自己的形象，从不自信变得自信。在人与人交流中，能够将自己更好的一面展现出来。

青年一代大学生是未来的栋梁，在读完这本书后，我更确信，祖国的未来需要我们青年大学生的努力和奉献。习近平总书记说："我对自己的首要要求就是'自找苦吃'。"作为新一代的年轻人，我们应当接受各方面的锻炼，主动挑战"苦中苦"，在吃苦的过程中去历练自己，在"苦"中淬炼出自己青春的"甜"。而这些"苦"也都会成为我们一个一个踏实的脚印，为我们的青春添上浓厚的一笔，让我们砥砺前行。

关上一扇窗 打开一扇门

王晓桐

  手拿《习近平和大学生朋友们》这本红色厚重的书，黄色书名"习近平与大学生朋友们"衬托下的封面是一幅和谐又美好的画面，习近平总书记的和蔼与教导，大学生们渴望知识的面孔，总让我似乎身临其境。我对这本书爱不释手，它的意义非凡，对我来说是一份珍贵的礼物，因为我坚信它会给我带来惊喜。在此，我想就其中一篇令我印象深刻并有感而发的报道来谈谈我的感受与思考。

  一直以来，我都对采访实录较敏感，"当事人讲当年事"的形式让我感到更加真实并感触颇深。而我仿佛真的跨越时空、身临其境地感受习近平总书记以诚待人、言身传教的生动场景，更加深刻地体悟到习近平总书记无论职务岗位如何变化，他对青年的关怀与重视始终如一。与习近平总书记有过接触的大学生再次谈起他们交往的一点一滴都记忆犹新，都认为习近平总书记的一言一行一直影响着他们、激励着他们。

  其中第七篇是"习校长破格录取了身体残疾的我"，我真真切切地感受到了，习近平总书记的精神引导及黄道亮的自强自立给残疾人事业带来了一份惊喜。"你给我一个机会，我还你一份惊喜。"黄道亮用他的力量证明了这一点，同时也没有辜负习近平总书记的期望。突如其来的意外让黄道亮失去了双臂，但他身残意坚，以非凡的毅力克服重重困难，经历三次高考得到了"机会"成为全省第一位无臂大学生。在领导、老师和同学们的帮助下，黄道亮生活的不便在学校都被安排得妥妥当当，这让他意识到大学生活这个机会来之不易，因而他比其他同学更努力，更用心，更加上进。

  报道中，黄道亮说："上大学对于我来说是一次重生，入党则是我人生中的一次升华。"从此他肩上更多的是责任和义务，这正是我为之感叹并敬佩的，同时这也让我更加坚定了我入党的初心，责任与义务伴随着我，想以更大的力量为人民做更多的事。我作为一名预备党员，我要以党的标准来要求自己，不忘初心，牢记使命。黄道亮既是残疾人工作者又是残疾人，以特殊的身份与残疾朋友们谈心，激励着他们奋发图强，满怀感恩地投身到为残疾人服务的工作当中。他正在用行动来诠释着什么是自强自立，内心的那股力量一直激励着他前进——习近平总书记的笑容与目光总是那么亲切和蔼。习近平总书记给予黄道亮破格录取机会，黄道亮以惊喜回报人民与国家。感激的话埋在心中，化作了对党和人民的忠诚，化作了对工作的担当，化作了对残疾人事业的贡献，化作了对母校和习校长永远的爱，他就是黄道亮。

  弱势群体从来都不孤单，因为身后有国家。习近平总书记对人才的重视和珍爱，激励着残疾人发挥个人价值为社会增添一分力量。对于这篇报道，不难发现在当今社会，弱势群体确实需要我们更多的关爱。在日常生活中，我积极参加志愿者服务活动，尽自己的一分力量，哪怕给他们带来一点欢乐，内心真的很敬佩他们的坚强和毅力，我始终相信，上帝向你关上一扇窗，也会为你打开一扇门，每个人都是独一无二的，应该受到应有的尊重。而黄道亮正是我们大学生的榜样，我们也要志存高远，脚踏实地，打牢知识基础，提高综合素质，真正成长为中国特色社会主义事业的建设人和接班人。

行循自然

陈丝慧

2019年,习近平总书记看望内蒙古大学留校学生时,寄语青年大学生:"要志存高远、脚踏实地、行循自然,学好知识,打好基础,增长才干,将来为中华民族伟大复兴贡献自己的智慧和力量。"

"行循自然"有两层含义,一层含义是告诉我们要"行",要积极投身实践,这也是习近平总书记在同大学生朋友们交流时一直倡导的:扎根基层,深入实践。另一层含义是提醒我们循自然而行。

行循自然,也是马克思主义科学理论中的重要概念。"自然"与马克思主义中的"规律"相呼应,即物质运动中固定的、本质的、稳定的、必然的联系。马克思主义强调"将发挥主观能动性与尊重客观规律相结合"。只有深刻地感知自然,理解自然之道,才能在实践中如鱼得水。要做到这一点,必须在读原著、学原文、悟原理中系统地学习感受马克思主义的科学性与真理性,认识自然,把握自然;在"真学、真懂、真信、真用"中将马克思主义理论与实际相联系,方能行循自然。

行循自然,要在基层的广阔天地中了解事物发展的自然状态,实践体验区别于知识习得,这更为真实、可靠、深刻。"循自然"不能只学习来自书本的自然,更要亲身实践,在真实的个人体验中触碰"自然"。正如习近平总书记所说:"要给书本上的知识'挤挤水',才能得到知识'干货',只有和群众实践结合,才能把'水分'挤掉。"

行循自然,要在实践中探机理、炼真知。无论在何处,习近平总书记时时强调实践和调研的重要性,鼓励大家多参加实践和调研,深入基层。在面朝黄土的知青岁月里,习近平总书记从生活的无字书中思悟了什么是真实的中国社会,明悟了关于群众、实际的"真知"。

行循自然,要在实践中找苦吃、勇创新。追求真理的过程总是曲折的,古语有云:"不经一番彻骨寒,怎得梅花扑鼻香。"最真实的体验,要从最基层的一线中来,要从思考与创新中来。习近平总书记用他"找苦吃"的经历给大学生提供了鲜活的学习范本,作为新时代的大学生,我们要往"实"里走、往"苦"里走,树立"掀开锅"的实践与创新精神,在"自找苦吃"

中努力掌握科学知识与方法，勤于思考、善于思考，在"人在一线、志在一线、心在一线、干在一线"的实践中求真知、寻规律。

行循自然，要在实践中明志向、勇担当。志存高远是行循自然的先决条件与方向指引，脚踏实地是行循自然的表现内容和具体实践。习近平总书记告诫青年："年轻一代应该结合中国的特点把握好自己的路，否则只能牢骚满腹、空悲叹。"

行循自然，既是对客观规律的尊重，也体现了一种顺势而为、自然而然的淡然洒脱人生态度。阅读《习近平和大学生朋友们》，我们能够感受到习近平总书记自身无论身处任何境地都始终具从容不迫的人格魅力，也可以看到习近平总书记对广大青年大学生无论何时何地都始终怀有的耐心引导与悉心关怀，看到总书记对新时代青年人以"行循自然"的生活态度找准人生定位的殷切希望。

行循自然中的"自然"体现在人生的全过程，是一种积极向上的人生哲学。于广大青年大学生而言，行循自然绝非不作为、懈怠、沉沦、随波逐流，它所强调的是面对复杂的外部环境和内心的迷茫能够始终坚定内心，在孜孜不倦学习、静心钻研理论、积极掌握技能、竭力提升素养的主观能动性发挥中认识规律，从而最大限度合乎规律，认识事物本质，妥当解决问题，达到期望目标。习近平总书记说："一时有些疑惑、彷徨、失落，是正常的人生经历。关键是要学会思考、善于分析、正确抉择，做到稳重自持、从容自信、坚定自励。"

行循自然中的"自然"体现在生活的困境与逆境之中，是一种从容不迫的生活态度。《习近平与大学生朋友们》中，习近平总书记提起自己下乡经历中的"过五关"，回忆起自己冬天起粪的经历。行循自然的生活态度，是充分发挥主观能动性，正确选择、全力拼搏、竭力付出后的争其必然、得之坦然，是在实践中收获成长、在辛勤中获得提升、在过程里寻觅青春无限可能、享受过程而无惧失败的失之淡然、顺其自然。

青年是祖国的未来，新时代的青年大学生应当牢记总书记"行循自然"的嘱托，在"学知识、长才干、明真理"之"行"中"循自然"，在"循自然"的哲学感召中以青春之"行"、坚毅之"行"成长成才，直面人生曲折，笑对风雨坎坷，在为祖国、为人民、为人类的奉献中彰显青春力量、实现个人价值，让青春之光照亮中华民族伟大复兴梦想的前进道路。

做有志青年

陈丽璇

2021年4月20日，国家主席习近平在博鳌亚洲论坛上发表演讲，他提出了"世界要公道，不要霸道"，主张国与国相处"要把平等相待、互尊互信挺在前面"，要实现人类真正的共同价值，我想这与《习近平与大学生朋友们》一书中习近平总书记深入人民生活的想法是相吻合的，习近平总书记切身感受着偏远山区人民的生活，并尽可能地发展当地的经济，让当地的人民群众能够富起来，强起来。此外，习近平总书记喊话新时代的青年要"真学、真懂、真信、真用"马克思主义，做到真思考，做到真实践。

新青年要把青春献给每一个时代，要做有志青年，不做无志之人，习近平总书记在这本书中生动形象地诠释了何为青年，好好地给我们上了一堂"做青年友，不做青年官"的课，既要在城市或乡村中实现自身的价值，又要在学校里面推广爱国精神，将人文教育发展起来，使得这些优良思想成为人民群众心里的一部分，在书中，大多数的人民群众对习近平总书记的评价都有着共同的一句话：做事低调，心里总想着为老百姓做点什么。书中还提到，与习近平总书记的相处就像是一场关于心灵的洗礼，是一次珍贵的党性教育。是的，我觉得说的没错，当我看完这本书的时候，也引起了我很深的思考，作为一个新时代的大学生，可以为人民群众做些什么呢？

我查阅了一些资料后了解到，习近平总书记在大学阶段早已将自己的个人理想和国家的前途命运相结合在一起了，将个人的追求与人民群众的需求相联系在一起了，要不忘初衷，不怕挫折。相比之下，我相形见绌，为此，我将树立自己的志向，在新时代里，实现自己对于国家的价值。令我印象最深刻的是习近平总书记的谈话——闽东的希望，这里面习近平总书记提出：用较发达地区带动贫困地区，主导产业带动其他相关产业，尽可能地实现以强带弱，达到地区产业平衡发展。这种措施在全面小康社会的开展中体现出来了，并且取得了基本的成功。

这本书最后，习近平总书记说道："青年人要锻炼好身体，为革命事业健康工作50年。"厚德载物，心存远方，在青春大好年华里，我们所能做到的是像书中说的那样，做自主创新的排头兵，让自己的价值最大化，更好地造福于人民，在祖国和人民需要的时候，做到勇往直前。

加油吧！青年大学生们

蔡康娣

青年兴则国家兴，青年强则国家强，青年是国家的未来、民族的希望。通过学习《习近平与大学生朋友们》这本书，我深切感受到了习近平总书记对青年大学生的重视和关爱，这体现了习近平总书记对青年的期盼。其中对我影响深刻的是下面几个事件，由此产生了心得与感想。

第一站：与河北正定籍大学生的交流。习近平总书记写信寄语大学生，表达了殷切的期望："国家需要你们，正定的各项建设事业同样需要你们，家乡四十五万人民热忱期待着你们，殷切地希冀你们为正定繁荣出力献策。"这期间习近平总书记也邀请大学生们暑假返家乡调研，和大学生们深切地交流和介绍家乡发展的思路。在此之后，河北农大的正定籍同学返乡工作的比例都很大，正是因为习近平总书记对大学生的重视和对大学生平等交流，待他们如朋友一样。

从中我体会到了一个人一定要有一颗感恩之心，在你享受国家给你提供美好学习环境时，要学会以感恩与回报之心去对待。即在你享有权利的同时，也要履行相应的义务。国家的繁荣富强需要一代又一代的青年人去奋斗，我们要树立理想目标，做一个有志向的人，将来成为一个对社会有作为的人，报效祖国。

第二站：与厦门大学学生张宏樑的交流。1985年，张宏樑见到了当时为厦门市副市长的习近平总书记，在见面时习近平总书记得知张宏樑刚从预备党员转为正式党员，还担任了厦门大学经济系团总支副书记后很高兴，回了一句："好！年轻人就应该要求进步，积极入团入党，利用一切机会锻炼自己。要艰苦朴素，要自找苦吃啊。"这些话一直鼓励着张宏樑。

习近平总书记一直关心青年的成长，作为当代大学生，我们要牢记习近平总书记的教导，不断要求进步，要实干，不断参与社会实践充实自己。实践出真知，机会总是留给有准备的人的。我会谨记习近平总书记的教诲，积极入团入党，通过党的考核，坚守信念，不断上进，做一个"自讨苦吃"的年轻人。

第三站：与全国青年人的交流。作为新时代社会主义的掌舵者、人民的领路人，习近平总书记多次出席参加相关的青年活动，在新冠疫情的肆虐下，习近平总书记对青年人奋战在一线上给予了高度的肯定，鼓励青年大学生要挑担子、担重任，要不愧于时代，不负于人民。

我们要做一个有理想有目标的大学生，要志存高远。习近平总书记的话语使我明白了一个大学生一定要有目标、有理想，这样才是大学生该有的标签。要明白国家在给你提供和平、舒心环境时，请不要忘了努力学习、报效祖国的义务。

看完这本书后，我给自己立下一个明确的目标，即使我不能有更多的力量回报社会、家乡，但我必须要有回报社会、家乡的意识。志存高远，脚踏实地，我相信当我真正要求自己不断进步时，记住习近平总书记的谆谆教诲，努力去执行落实，一定会有一个好的收获！

得其大者兼其小

黎炜琳

　　从正定到厦门，从宁德到福州，从浙江、上海再到中央，不管在什么岗位上，不管工作多么忙碌，习近平总书记始终高度关心青年的成长进步。习近平总书记经常出席青年活动，与青年谈心，给青年回信，为青年鼓劲，是广大青年学习的榜样、人生的导师。在今后的工作和生活中我要不断从习近平总书记与大学生朋友的生动故事中汲取精神营养，凝聚前进力量。

　　加强马克思主义理论学习，推进青年"大学习"行动。我作为一名农民家庭出身的大学生，看到《习近平与大学生朋友们》，心中万分激动。正因为自己每逢农忙时节总会抽空回家帮忙农作，我才能体会到习近平总书记信中所说的"特别是在农村，文化落后、科技落后的状况并未根本改变，陈旧的小生产经营方式的束缚并未取得根本性的突破。而要改变这一切，建设社会主义的现代化大农业，靠什么？很关键的一条就是靠现代科学技术的推广和应用，就是靠掌握这些科学技术的专门人才"。这些能扎根于农村的基层干部、人才，我能想到的唯一解释，就是他们都是把马克思主义和人民作为自己终生信仰的人。如果他们只是想日子过得富裕，生活过得安逸，凭他们的工作经验和实干能力，完全可以换一份更挣钱的工作，给家人提供更优渥的保障。可是如果没有这些基层干部们"白家黑""五加二"的忍耐、牺牲、奉献，何来赢得国际社会普遍赞誉的"中国之治"？

　　作为一名青年学生，如果没有对马克思主义、对人民的忠诚和信仰，没有为中华民族谋复兴、为中国人民谋幸福的立场和志向，即使下沉到了基层，也很可能受困于世俗名利、个人得失，不可能心甘情愿、心平气和地做基层工作，更不可能在关键时刻站出来、危急关头豁出去。因此，对于那些有志于奔赴基层工作的青年人而言，最大的敌人，是没有坚定的信仰。我认为，当代大学生应从吃苦中学以致用，将知识落到实处，把自身成才和社会发展相结合。我们要认真研读领悟精神，更好积极实践探索，努力成长为德智体美劳全面发展的新时代建设者和可靠接班人。

　　如何肩负起重任，不辜负党的期望、人民期待、民族重托，不辜负我们这个伟大时代？在纪念"五四"运动100周年大会上，习近平总书记对广大新时代青年提出要求：要树立远大理想、要热爱伟大祖国、要担当时代责任、要勇于砥砺奋斗、要练就过硬本领、要锤炼品德修为。

"得其大者可以兼其小"，正如习近平总书记在这次回信中所说，要"把个人的理想追求融入党和国家事业之中"。广大青年只有把小我融入大我，才会有海一样的胸怀，山一样的崇高，才能不负韶华，最终成就一番事业。

火炬

缪怡慧

在 2020 年 11 月底我通过"青马工程"培训班的自荐面试，成为一名"青马人"。在第一堂课上，校团委每人赠了一本《习近平与大学生朋友们》。拿到这本书时，我感受到沉甸甸的重量和满满的思想感悟。阅读完此书，我感悟良多，为此写下感想。

我来自汕头，汕头作为沿海经济特区有着优先发展的优势和良好的生态环境，但经济发展水平却不是很高。从这里走出去的大学生们踏上大学之旅之后，大部分年轻人选择到"北上广"就业，很少人回家乡就业。在高中毕业会上，我与同学们聊天，面对大学毕业后的选择，大多数人都是不返家乡而是到大城市谋发展。在读完"习书记邀请我们返家乡搞农村调研"这一故事后，我的内心有了答案。时任正定县委书记的习近平给河北农业大学正定籍大学生的信中那一句"家乡的 40 多万父老乡亲都在翘首以待，盼望着你们"，让我感受到家乡对大学生们的呼唤。

2020 年 10 月 13 日下午，习近平总书记到汕头市小公园开埠区了解开埠历史与设立经济特区以来的建设发展情况以及潮汕侨胞心系家国故土支持祖国和家乡建设的历史。在党中央领导的带领下汕头发展建设越来越好。作为一名汕头籍旅游英语专业的学生更应该发挥专业知识技能优势，带动汕头旅游业发展，让更多人了解汕头文化，欣赏汕头美景，品尝汕头美食。

习近平总书记说："学习的同时要想办法应用，在应用中再总结，再用于学习。"这让我联想到上党课时老师所说的要掌握好专业知识，发挥专业优势，创新专业技能。在大一第一学期，我带领我的学习小组成员到陈家祠拍摄讲解视频，到越秀公园实地考察，拍摄并搜索相关资料制作成 PPT 在课堂上演讲，获得科任老师的好评。在寒假期间，我在我们班公众号上参加了"发挥专业特长，争做家乡宣传"的投稿，录制了汕头的宣传视频。我认为此学习成果在疫情防控之下既可以减少人流聚集又可以让居家不外出就地过年的人们异地游玩到不同的美景。

习近平总书记提倡年轻人要"自讨苦吃"。年轻人吃点苦，历练自己。在军训后我成功竞选了班级班长，日常开展班级的各项活动，与其他班干部开会，一起与班主任协商班级事务。虽然牺牲不少个人自由活动的时间，但我感到很充实。同时，我参加校团委，成为学习部的一员。参加学校各项活动比赛，并取得良好的成绩，得到老师及同学的认可。一天满满的安排虽然疲惫但乐在其中，第一学期我过着充实的生活。我不喜欢歇下来的日子，寒假回家后的第一件事就是报名汕头市的志愿者工作，每天早上7点我起床，然后坐着公交车到目的地做志愿者，直到下午6点结束才回家。

读完这一本书，我感受到习近平总书记以诚待人、言传身教的生动场景。作为一名大学生，我会好好学习，掌握专业技能，为自己人生路确认好方向。人生不是一支短短的蜡烛，而是一支暂时由我们拿着的火炬，我们一定要把它燃得十分光明灿烂，然后交给下一代。希望自己用有限的能力做无限的贡献。愿不忘初心，牢记使命！

纸上得来终觉浅　绝知此事要躬行

王茌玄

在《习近平与大学生朋友们》这本书里，我从中深刻地感受到习近平总书记对青年成长的厚望和青年对自身发展的高标准、严要求。在与青年大学生们交流过程中，习近平总书记不断勉励青年一代扎根基层、"自找苦吃"，并且多次强调，同学们只有到基层中去、到实践中去、到人民中去，才能真正知道所学的知识如何去发挥、如何去为社会做贡献，这让我获益匪浅。

习近平总书记曾语重心长地对同学们说，"人生一年之春、一日之晨就是我们的大学时代，这是一个黄金的时期，一定要利用好大学时期，很好地打下这个基础"。他嘱咐同学们"重视实践、知行合一"，"端正择业观念，精准定位，在社会的广阔天地大显身手"，号召同学们到基层去，到边远地区去，到社区去，到农村去，到军营去！这对于那些未踏入社会的大学生朋友们以及准备踏出校园或已经进入社会的青年来说，都具有十分重要的未来职业规划意义。

"纸上得来终觉浅，绝知此事要躬行"。当下疫情未消失，为了减轻医护人员的负担，我自愿参加到学校和兴华社区组织的校内大规模核酸检测的工作中，不怕艰辛，维持现场秩序，坚守岗位，坚定职责，苦干实干，牢记习近平总书记的寄语："青年兴则国家兴，青年强则国家强。青年一代有理想、有本领、有担当，国家就有前途，民族就有希望。"一步一步脚踏实地，以人民为中心，不忘初心，密切联系群众，为实现共产主义而努力奋斗，在新时代干出一番事业。

作为一名大二学生，下学期我将面临人生的又一转折点，便是去社会上磨炼自己。毕业后，我会将自己的青春与祖国的建设事业结合起来，勇于扎根基层，不断锤炼自我，躬身实践，以青春之我、奋斗之我，为祖国的建设添砖加瓦。将理想融入国家和民族的事业中，在国家与人民需要时挺身而出；承担起民族复兴的大任，牢牢把握历史机遇，树立坚定的理想信念，真正做到让青春在党和人民最需要的地方绽放绚丽之花。

让青春在奋斗中发亮

陈欣婷

　　近期读完《习近平与大学生朋友们》一书，书中习近平总书记的一言一行深深地触动着我。多年来，他对青年特别是大学生的重视及关怀始终如一，是青年大学生交流交心的引路人。其中，第十九篇中"习总书记勉励我们做党和人民满意的'四有'好老师"深深地触动着我。

　　习近平总书记在第30个教师节到来之际，在北京师范大学主持召开"做党和人民满意的好老师"座谈会，与师生进行交流、谈心。他强调，教育是一门"仁而爱人"的事业，爱是教育的灵魂，没有爱就没有教育。这句话引起了正在小学实习的我的共鸣。虽然目前我还是一名实习生，但我时刻以一名教师的身份来规范和严格要求自己。对于班里经常考试不及格的学生，我努力跟进她的学习进度。如一名学生，在与她的父母沟通后得知其父母对她放任不管时，我每天抽时间一对一辅导她，给予她爱和温暖，在学习和生活上给予一定的指导。我牢记习近平总书记的话，没有爱就没有教育。2020年的暑假，我本着授人以渔的原则到老家志愿服务组织举办的贫困留守儿童补习班授课，和队友熬夜做教案和备课做PPT，因为自己所学的不是师范专业，授课过程中我也不断反思自己的专业素养是否达到水平，如何授课才能让学生更容易接受，以及如何授课能让他们记得更加牢固等。那段时间很累，但特别充实，自己觉得特别值得。这也是方维海教授所提到的"以前教给学生一碗水，教师要有一桶水，而现在应该是要有一潭水"。可见新时代对教师的要求逐步提高，更加要鼓励教师有理想信念，有道德情操，有扎实学识，有仁爱之心。

　　习近平总书记说，"一个人遇到好老师是人生的幸运，一个学校遇到好老师是学校的光荣，一个民族源源不断涌现出一批又一批好老师是民族的希望"。从一个人到一所学校，再站到一个民族的角度，可见好老师的重要性、教育的重要性。华为创始人任正非也多次强调教育才是强国之本，国家的未来看的是教育。如果不重视教育，我们会重返贫穷。我国的综合实力不断突飞猛进，离不开教育和科技。一个国家有硬的基础设施，一定要有软的创新土壤，没有这层软的土壤任何庄稼不能生长，灵魂在于文化，在于哲学，在于教育。当阅读到习近平总书记说的"得其大者可以兼其小",我上网查了其原意是指做学问要从大的根本处着眼,学好了根本的大道理,才可兼及旁枝末节。习近平总书记引用这句话,意在鼓励青年人要把个人的进步和国家、民族的发展结合起来,把人生理想融入国家和民族的事业中,投身于实现国家和民族的中国梦,唯有如此,方能实现个人的人生理想。

作为新时代青年大学生,我们更应心系祖国,心系人民。与祖国同呼吸,共命运,树立远大理想,确立人生目标,朝着梦想前进,学习前辈精神,做党和人民信得过的四有好老师。

笃行致远 不负芳华

何思慧

初次听到年轻人要"自找苦吃"的时候,心里不由得产生了一丝困惑。毕竟当代年轻人大多过着安逸生活,安于现状。其实"自找苦吃"并不是我们非得像前线战士那般在雪天赤膊训练,而是要我们在提升自己能力或塑造品性方面做出努力,我们不能怕苦怕累,苦与累不能成为我们后退的理由,温室里的花朵总是很难长好的。

给书本上的知识"挤挤水",我们才能筛选出最优质的精神食粮和最合适自身发展的"干货"。对于基层干部来说,要想更好地做到全心全意为人民服务、了解人民迫切的需求,就需要他们深入基层,为老百姓做实事、做好事;对于我们大学生来说,要想找出自己的短板、提升综合素质,我们就要做到知行合一,积极投身实践,通过各式各样的实践锻炼自己的能力。

要为党和人民的伟大事业而工作,这就要求我们要有优良的素质和过硬的本领,才能在群众中起到一个先锋模范作用。作为一名学生党员,我时刻严格要求自己。在思想上,我不断加强理论学习,及时增添党的相关理论知识,学习增强了我明辨是非的能力。理论是实践的先导,我一直把实事求是作为确立目标的前提,清楚地知道自己每个阶段的奋斗目标,采取不同的方法解决实际问题。在学业上,我能做到积极奋进,作为外语专业的一名学生,听、说、读、写能力缺一不可。口语能力需要反复进行锻炼才会有所提升,仅靠掌握词汇量并不能够让我们在真正的沟通中畅快交谈。因此,在日常积累词汇量的基础上辅之以实操才是最明智的做法,找一个学习搭档可以实现共赢,是提高自我的最佳方案。

在课余时间我还积极参加志愿服务活动,做志愿服务的过程中我学到了很多知识,与人沟通、善于观察等方面的能力也有了很大提高。我认为做志愿服务并不是一件简单的事情,不仅要帮他们解决眼前的小困难,还要帮他们解决内心的困惑。将课本上学习到的沟通知识运用到实践中,才能知道自己的掌握程度。在大学里我获得过两次"优秀志愿者"的称号,我相信这是对我参加志愿服务活动的一个肯定,我将继续我的志愿者事业,在帮助他人的同时也能提升自己。

　　进行"自讨苦吃",因为艰苦的经历可以促使我们心智的成长,我相信全面发展的人更容易取得理想的成绩。而理论指导实践的能力,不仅是增强党员党性修养的一部分,还可以帮助我们找到最正确的学习方法和工作路径。继续奋斗吧!用我们的双手奋力谱写出更华丽的篇章。

肩负时代责任　高扬理想风帆

黄舒婷

长期以来，党始终对青年学生寄予厚望，青年学生的成长始终沐浴着党的关怀。党的十八大以来，以习近平同志为核心的党中央高度重视和关爱青年学生。习近平总书记多次与青年学生座谈，给青年学生回信，评价和赞扬"当代大学生是可爱、可信、可贵、可为的"。特别是2016年4月26日，习近平总书记视察中国科技大学，对大学生成长成才提出明确要求，勉励同学们"做有理想、有追求、有担当、有作为的大学生"，充分体现了党中央站在战略高度关心关爱大学生，为当代青年学生成长成才提供根本遵循，为团学组织引领和服务青年学生成长成才指明了前进方向。

理想与追求决定不同个体的人生道路的选择与走向。如果人没有或丧失理想信念与精神追求，就会"缺钙"，就会得"软骨病"。习近平总书记勉励青年学生要"有理想、有追求"，蕴含着深刻的世界观、人生观、价值观等哲理，饱含着对我们青年学子的殷切期望；勉励青年到基层和人民中去建功立业，在实现中国梦的伟大实践中书写别样精彩的人生，我作为当代的青年大学生，身为一名学生干部，更应该深入基层，躬身实践。

历史和现实都告诉我们，青年一代有理想、有担当，国家就有前途，民族就有希望，实现中华民族伟大复兴就有源源不断的强大力量。活跃在各个领域的青年志愿者抗击新冠疫情时冲在前线的最美身影，无不昭示着中国青年的担当及作为对国家发展、社会进步的推动作用。修身做人是处事成事之本，我们要以勇于担当作为人生行为准则。习近平总书记在多个场合教导大学生要勤学苦练、修德修身、明辨是非，扣好人生的第一粒扣子。青年学生要在树立和践行社会主义核心价值观中锻就人生底色，自觉把社会主义核心价值观贯穿和融入日常学习生活之中，内化于心、外化于行。

我觉得这个时代赋予我们的机会与挑战是一把无形锁，而我们青年大学生就是那把钥匙，我们这把钥匙要学会不断地运用知识去武装、充实完善自己，准备为社会建设贡献青春力量。我们不能认为进了大学就进了保险箱，一定要多接触社会，补上社会实践这一课，就像习近平总书记说的青年人在学校要静下心来刻苦学习，既要读"有字之书"，又要读"无字之书"，为以后的人生与事业铺垫好基石。肩负时代责任，高扬理想风帆。

扎根基层　投身实践

范晓舒

农村文化落后，科技落后，陈旧的小生产经营方式，来自农村的大学生们比其他人都了解，比任何人都迫切要改变这一切。

"十年寒窗苦读书"，为的就是金榜题名，功成名就，为的是不辜负父母的早起贪黑，满面苍老，更是为了能给家乡引进技术。对此，他们很清楚，要改变这一切，就要建设社会主义的现代化农业，而建设社会主义的现代化农业靠的是什么？就是靠现代科学技术的推广和应用，就是靠掌握这些科学技术的专门人才。习近平总书记强调，"我们学东西要学无止境，所有学到的东西都是有用武之地的，学习的同时，要想办法应用，在应用中再总结，再用于学习。"作为国家未来建设的栋梁，我们谨记；作为民族的希望，我们努力。我们发奋学习，奋发图强，期盼着自己早日以优异成绩成就学业，为祖国的四化建设挑梁扛柱，竭智尽才。

实现中华民族伟大复兴的中国梦，需要我们每个人的付出。农村的建设需加强，城市的进步需提高，这一切都是中国社会主义新时代的大学生奋斗的目标。2020年，我国已全面建成小康社会，实现全面脱贫的目标。实现"全面建成富强民主文明和谐美丽的社会主义现代化强国"的目标指日可待，习近平总书记勉励广大青年扎根基层，投身实践，勉励我们要志存高远，脚踏实地，勤于学习，增强本领，在服务人民、服务社会的实践中，努力把自己锻炼成德、智、体、美、劳全面发展的合格人才。

身为学前教育专业的学生，我们的奋斗目标是为祖国未来希望的花朵们献上自己的教育力量。在书本上学习专业的相关理论知识，在实习中深刻了解当前教育行业的情况，积累总结，增强本领，才能做到将"精彩论文"书写在祖国的大地上。

我们要把握住身边的机会，致力实践，投身社会，在每一个祖国和人民需要的地方挥洒汗水。我们一定要坚守科学原则，踏踏实实学习，争取用头脑来造福人类。在做事方面，记住习近平总书记的话，勿以善小而不为，不要眼高手低，要从小事做起。

我们将身体力行，在投身基层的道路上，继续前行；在为国效力的道路上，任重道远。

生于忧患　死于安乐

邓冰冰

我的爷爷是抗美援朝志愿军中的一员,他说过很多关于他在战争时期的思想,保家卫国和为人民服务是他最开心的事,从小到大我都深受爷爷的教导,明白在中国共产党的领导下,祖国一步一步走向繁荣昌盛。

自我记事以来,我都以生于华夏而感到骄傲,长期以来,我一直听着爷爷叙述他在抗美援朝时期的光荣事迹以及思想,心中十分敬佩。我爷爷说过:"没有共产党就没有新中国"也时常说中国共产党领导下的中国是怎样发生改变的,多次说他是在党的教育下成长起来的。爷爷在讲述他在抗美援朝时期的经历时,我都十分崇敬爷爷,之后忍不住和我的小伙伴分享。

中国人民志愿军的力量源泉及其获得胜利的根本原因是抗美援朝战争的正义性。抗美援朝这场正义之战得到全世界爱好和平国家和人民的支持,最终正义之师赢得了战争胜利,打乱了帝国主义对扩张范围的部署,维护了亚洲以及世界的和平。我们的事业是正义的,正义的事业是任何敌人也攻不破的。

生于安乐和平的年代的我们也应时刻把历史铭记于心,把人民英雄铭记于心,战争还没来临之前,我们要做的便是做好准备,只有这样方可把和平幸福进行到底。

战士们在守护着无数平民老百姓的时候,牺牲的不仅仅是其生命,还有可爱又可敬的战士们幸福的家庭。我爷爷是最理解战争带来的各种问题。小时候给我讲述他在鸭绿江、朝鲜等地方的战斗事迹,使我从小就知道现在的和平来之不易。而在平时的影视剧中鲜活的人物在大荧屏里透露出来的无私奉献和保家卫国的精神,更加让我知道家国情怀对一个国家建设的重要性。近代中国的艰苦奋斗历程,有史在册,是我们应该铭记于心的中国建设历程。

抗美援朝战争的伟大胜利启示我们:作为新时代中国大学生,更加应该记住这一伟大的事迹,以抗美援朝精神警醒自己,以他们为榜样,肩负起我们应有的责任。生于忧患,死于安乐,我们是中国新一代的血液,要成为一名合格的新时代青年,我们应该明白自己身上的使命担当,从小事做起,从自身做起,为中华民族的伟大复兴而奋斗!

关心、关爱和关怀

游尧茜

从1984年3月13日《中国青年报》的报道"县领导关怀负笈者 大学生不忘故乡情",到2020年"五四"青年节《中国青年报》"再续前传",刊发《习近平与大学生朋友们》系列专题报道,再到后面出版的《习近平与大学生朋友们》一书,都充分体现了习近平总书记长期以来对大学生的关心、关爱和关怀,展现了当代大学生的责任意识和使命担当。

在阅读学习《习近平与大学生朋友们》一书时,我深深被习近平总书记与大学生交往、交流、交心的互动场景吸引,有强烈的代入感,觉得自己身临其境去与习近平总书记探讨和实践,感受着大学生群体的责任意识与担当。

我印象最深的是第十四篇中习近平总书记嘱咐我们"在社会的广阔天地大显身手"。该篇记录了习总书记在吉林大学与大学生会面并探讨大学生学习生活,习近平总书记给大家讲了马克思主义、中华传统文化、教育改革和就业理念等,习近平总书记旁征博引而逻辑严谨,娓娓道来又逐层深入……

作为一名大学二年级的学生,我时刻铭记习近平总书记所说的,在大学学习阶段,我们要丰富知识,打牢基座,只有广博知识,举一反三,触类旁通,融会贯通,将来在社会上才能游刃有余。同时,作为学习文学类专业的大学生,也要掌握一些自然、科学方面的知识,这样才能做到触类旁通和融会贯通。现今,作为即将踏入社会实践殿堂的大学生,更要如习近平总书记对我们大学生说的就业理念一样,要知行合一,制定好相应的职业规划,将所学、所知、所感与生活、社团日常工作相结合,将理论知识融入实践之中,才能学有所成。

作为当代大学生,还需要时刻贯彻落实好马克思主义理论、毛泽东思想、邓小平理论和习近平新时代中国特色社会主义思想的学习,正如习近平总书记说的——在大学里要掌握马克思主义的立场、观点、方法,学习马克思主义要真学、真懂、真信、真用。这都需要我们学习和落实好,因为做到"四真"是不容易的,需要学习、思考和实践。

作为学院的一名团总支副书记,在每次会议或活动前,都提前做好准备并在会后开展会议总结。以第十九届校园运动会为例,前期准备工作期间,线上会议和线下会议大致开展大大小小会议 10 次,其中包含志愿者动员大会、运动员动员大会等,还讲述了校运会的基本注意事项,但最终在校运会期间还是出现了许多突发事件。因此,在总结会议上各团学干部、干事针对出现的若干问题,提出见解,并通过书面形式记录下来。不断积累活动经验,在不断学习、进步的环境中循序渐进,更上一层楼。

  我从习近平总书记与大学生们探讨的问题中领悟到当代大学生的责任意识和使命担当。习近平总书记的每一个提问,当融入我们自己所学的理论知识和思考之后,再结合生活、实践,便能更清晰地验证出探讨的意义所在,同时感受到了习近平总书记对大学生群体的关心、关爱和关怀!

所有学到的东西　都是有用武之地的

陈颖欣

在《习近平与大学生朋友们》一书中，我看到了平易近人、和蔼可亲的习近平总书记，从前我知道习近平总书记有梁家河下乡经历，后来让我有些许惊讶的是，习近平总书记时任福州市委书记的时候还兼任了闽江职业大学校长长达六年。

从习近平总书记强调的内容当中，且结合我自身也是在读职业大学的实际，我更清晰地知道了自己应该要注重强化技能训练与动手能力的培养，把自己塑造成一位多技能应用型人才；应当学好科学知识，学好理论，走出校门，深入社会，且就像书里第三章里面说到的一样，要学会"自找苦吃"，有苦吃是机会，在现实生活里面也是如此，虽然兼任一些职务有时候会让自己忙忙碌碌而且有些累，但是这些也是一个锻炼的机会，同时也是让更多的人看到自己的能力、展示自我的机会；要坚持多学才干，在平时的学习生活当中应要勇敢面对困难和问题。习近平总书记说，"与工农相结合是知识分子成才的必由之路"，我们身为这个大时代的新青年，更要深入工农，使自己更好地了解国情、民情，这样，我们才能把握时代发展的脉搏，才能真正施展自己的才干。

不仅如此，习近平总书记还强调做人做事要注重细节。我很赞同这句话，细节往往决定成败。他在鼓励大学生回乡做社会调研的时候风趣地对大学生们说："你们去调研，可能开始群众不怎么欢迎，那么如何让群众欢迎你就是一个能力提高的过程。"这和自己怎么做好学生干部工作、更加密切联系同学有太多相似之处了。

从书中我还学习到了"我们要学无止境，所有学到的东西，都是有用武之地的，学习的同时要想办法应用，在应用中再总结，再用于学习"。我们学习到的间接经验通过应用整理总结就会变成我们自己的直接经验了。还有就是面对事情或者问题，不要只看表面的东西，而要通过表面的东西发现背后的机理，然后找到解决问题的办法。要冷静思考，静下来整理思绪，办法

所有学到的东西　都是有用武之地的

总比困难多。寻找和思考解决问题的办法的过程就一定会用到自己所学的知识。

　　书里所有的这些宝贵知识无一不是与我们自身实际息息相关的。通过对这本书的学习，我更进一步地了解到习近平总书记关心青年工作的重要思想内容。

到同学中去　到基层中去

魏秋芹

这两天，我阅读了《习近平与大学生朋友们》这本书，读到"习书记傍晚与我们社会实践团座谈"这篇时。我看到了这么一句话，"同学们的忧国忧民，只有到基层中去、到实践中去、到人民中去，才能真正知道所学的知识如何去发挥、如何去为社会做贡献。"

习近平总书记在正定县工作的三年中，走遍了全县每一个村，与正定的干部群众打成一片。习近平总书记为正定这片土地付出的心血和汗水感动了许多人。例如塔元庄基层干部并没有选择向贫困低头，而是不忘为民初心，带着全村男女老少齐奋斗，着手推进旧村改造，努力实现了习近平总书记作出的"农业做成产业化，养老做成市场化，旅游做成规模化，提前实现小康村"的重要指示。这使得塔元庄有了今天这样社会主义新农村的美丽面貌，使得塔元庄村民过上了今天这样幸福的美好生活。

这也引发了我的思考，我想，我作为一名学生骨干，该如何才能更好地服务于同学？从老师口中，我找到了答案——从同学中来，到同学中去。

作为一名学生骨干，我一直踊跃参与各种志愿活动。仍记得那次学校核酸检测，从早上8点多钟接到检测通知后，学校开始发通知招募志愿者，我便迅速报了名，没想到的是，短短一个小时一条又一条入群信息刷新微信群页面，一位又一位志愿者加入了这个集体，一个人的力量是微小的，一群人汇聚起来的能量却是巨大的，这一份份积极与情怀，筑成了抗疫最坚固的防线。这便是从同学中来、到同学中去的体现。

这本书中还有一篇题为"习书记与我们聊如何做好基层工作"的文章，这也对我启示很多。大一开学后不久，我竞选为班级的组织委员、体育委员，算是成为一名基层班干部。这一年下来，我感受到了"基层干部"的辛苦，也感受到了"基层"的魅力。这也使我深刻地体会到了基层是最能锻炼人的地方，也是让人成长最快的地方。

我也要参与基层社会的建设，作为学生干部，也会引导同学们走进基层，主动担当社会责任，在共建、共治、共享的社会治理格局中发挥青年学生作用。特别是新冠肺炎疫情防控期间，可以多参与一些志愿活动，也可以组织动员同学们在学校、家庭所在地参与乡村振兴及基层治理等社会实践和志愿服务活动。到同学中去，到基层中去，到实践中去，用自己所学的东西去发挥，为社会做贡献。

学习党史 散发光芒

王美坤

还记得大学第一次上党课的时候，是在 2020 年 11 月，那是在我申请入党前进行的一次党课学习。那时的我对党了解非常片面，还只是停留在鲜红色党旗象征着先烈英雄的片面了解和刻板印象。那一节课我了解了许多关于党的知识，中国共产党的起源、中国共产党成立的初心、中国共产党经历几次意义深刻且印象深刻的发展里程。那一节课，老师最后说了一句："我相信你们当中对入党的含义都是模糊的，甚至有些人入党动机都不很纯正，甚至对党象征着什么都是一知半解的。我希望你们在今后的时间里通过'学习强国'APP，多多了解，多多学习。"

在最近一次党史学习活动中我突然好像懂了党的深刻意义。在这次的党史学习活动中，我学习了许多关于党史的"冷知识"，比如"中国共产党"名称最早是蔡和森提出的。1920 年 8 月 13 日和 9 月 16 日，正在留法勤工俭学的蔡和森，在给毛泽东写的两封信中，详细地研讨了共产党问题，提出："先要组织党——共产党，因为它是革命运动的发动者、宣传者、先锋队、作战部。"他在对西欧各国共产党特别是俄国共产党考察的基础上，提出了具体的建党步骤，其中包括"明目张胆地正式成立一个中国共产党"。

还有关于"中国共产党"的建党日，具体日子已经不太清楚，其实中国共产党建立的时间在 1938 年以前也没有一致的意见，这是由于建党本身要经历一个较长的过程，并不是像人类婴儿那样有一个从母体中间诞生的准确日子。中国共产党在一大以后，长时间处于秘密状态，早期的党员大部分都牺牲或者脱党了，早期的文献在国内也大多数都没有保存下来。1938 年春天，毛泽东决定举行建党纪念活动，并把党的一大作为党的正式诞生日，1921 年各地代表 7 月到上海开会，毛泽东、董必武经过研究决定 7 月 1 日为建党纪念日。

还有一个个有趣而又生动的烈士英雄，他们在日常生活中会调皮，也爱玩，和一般的 20 岁左右的青年并无多大区别。只是他们为了国家，为了大义也为了人民能过上幸福的生活，只能抹去稚气保家卫国。

一个个的"冷知识"使"中国共产党"这几个字在我心中的分量更重

学习党史 散发光芒

了,也让我对党史的了解更加深入。

  在"七一"建党百年华诞庆祝活动中,展示的每一幅精彩画面、每一张人民的笑脸都彰显着如今国家繁荣昌盛,这些都离不开先辈们的奋斗。学习更多党史知识让我对党和祖国更加热爱,让我更加坚定了入党的信念,从自身做起,为同学们树立良好的榜样。深入学习党史,铭记历史,不忘初心,时刻提醒着自己肩上担当的责任,每日自省做更好的自己,为开创下一个更好的时代而努力。请党放心,强国有我!

青春有你 鼎力飞翔

林炯杰

《习近平与大学生朋友们》一书由中国青年出版社出版,并在全国发行。该书一经出版,引发青年热议,迅速兴起了"青年大学习"的热潮。"年轻人要'自找苦吃'""只有到社会中与群众打成一片、扭到一起后,产生了社会责任感,才能获得真知灼见"等金句受到青年学子的广泛推崇。

青春理想,青春活力,青春奋斗,是中国精神和中国力量的生命力所在。正如李大钊先生所说,"青年之字典,无'困难'之字;青年之口头,无'障碍'之语。"习近平总书记在社会实践团座谈时对大学生们殷切的期望引起了我的共鸣。"实"是实地,"践"是践行。我们都应该担负起将学到的知识运用到实践中去的责任。

从这本书里,可以深刻地感受习近平总书记对青年成长的殷殷期望和青年对自身发展的高标准、严要求。在与青年大学生交流中,习近平总书记不断勉励年轻人要"自找苦吃",要"老老实实地调研",让我获益匪浅。自找苦吃,也就是说越不会的东西,越要去学习。但在学习的过程中还是需要实事求是,用心去钻研和思考。

作为新时代的青年,面对艰难险阻,唯有迎难而上,坚守奉献。在这次抗击新冠肺炎疫情的斗争中,青年一代挺身而出、坚守奉献,这些曾经父母眼中的孩子,已然长大,生逢其时,重任在肩,在自己所学领域中突破创新,充分展现了新时代中国青年的精神风貌。

记得读高中的时候,学校很少组织志愿者活动,但我的心却一直想尝试一下当志愿者的感觉。来到大学时,作为"00后"的我,也曾以志愿者的身份参与抗击"新冠肺炎疫情的斗争"中。我还经常去公交车站做志愿者,最开始参加志愿活动是觉得帮助了别人很开心,还能认识一群志同道合的朋友。后来慢慢意识到,在参加志愿服务活动的过程中,我收获的远比我付出的多。以前老会抱怨自己的境遇,但现在无论遇到什么我都能用一颗平和的心去对待,也更能发现这个世界的美好,更懂得坚持的意义。

习近平总书记的话对我日后的职业规划和就业选择也产生了深刻的影响，不管是从事什么事业，我们都应该保持着艰苦奋斗、努力学习的精神，坚持自己的信念，不要碌碌无为，我们还应该学好自己的专业，在专业领域发光发亮。我们要不忘初心、牢记使命，学有所成，学有所用。

学习中国史　争做新青年

冼思敏

习近平总书记强调:"思政课不仅要在课堂上讲,也要在生活中来讲!"要求我们要先了解中国,了解中国的发展历程、中国的发展历史。我们需要从"四史"中了解中国特色社会主义的发展历程。

"明镜所以照形,古事所以知今。"从"八一"南昌起义到生死攸关的"遵义会议",从"两万里红军长征"到解放战争"三大战役",从"十一届三中全会解放思想实事求是及改革开放"到"中共十八大中共十九大",中国共产党历经磨难、披荆斩棘、历经风雨,从未停止前进的步伐,在困难这座大山面前,砥砺前行。

学习中国特色社会主义发展史,从中明白今天的中国来之不易。中国共产党带领着人民群众翻身做主人;带领着全国人民取得了解放;带领着中国人民从无到有,创造了辉煌的历史,留下了宝贵的经验。正是这些珍贵的发展历程,才有了中国如今这般繁荣富强。我们只有不断学习这些中国的历史,才能明白今天国家的繁荣昌盛有多么的来之不易。

学习中国特色社会主义发展史,从中汲取爱国主义精神。冯秀军老师说:"从来不存在一个人的桃花源,青年成长道路千万条,爱国大义第一条。"袁隆平爷爷也经历了饥饿的痛苦,他亲眼目睹了严酷的现实,想起旧社会人民受统治阶级的剥削与压迫,受尽战争的痛苦缺衣少食,流离失所。他决心培育产量高的水稻品种,让粮食大幅增产,用农业科学技术战胜饥饿。是的,他做到了。为了让饥荒的中国人民吃上一口粮,他耗尽了自己的一生。是什么指引他?答案很简单,因为他爱我们的祖国!因为他心理流淌着中华民族的血。牺牲小我,成就大我!要是没有这种浓烈的爱国情怀,中华民族怎能挺过一次又一次的考验?作为新时代的青年,要将爱国大义摆在第一位,唯有正确的爱国观,才能报效祖国!说到这里,我非常心痛与惋惜,2021年5月22日,袁隆平爷爷逝世。国之脊梁虽逝,但其留给我们的精神财富永存。我们将永远铭记!

学习中国特色社会主义发展史,从中汲取奋进拼搏的力量、担当的精神。习近平总书记指出:"中国人是具有伟大奋斗精神的人民。"我始终忘不了新冠肺炎疫情期间，那一批又一批奋勇向前的年轻人，他们也正当青年，他们也是父母捧在手心里的宝贝，但他们毅然决然地选择了为祖国奉献自我。他们恐惧，但这不影响他们勇敢与奋进；他们"崩溃"，但不影响他们马上投入到紧张的防疫救援活动。他们顾全大局，学着父辈的样子，冲上前线成为我们中国又一代最勇敢的人，他们与疫情抗争到底，与病毒拼搏到底！抗疫征途，虽难，但爱在，一颗颗奋进拼搏之心、一个个担当的肩膀亦在。这个场景，在百年前就出现过了，那时的中国同胞为了抵抗外来侵略，也是这么的奋不顾身，披荆斩棘！我们为什么要学习中国的发展史？为的就是这股"劲"，敢于拼搏，敢于担当，遇事不怕事，有勇往直前的"劲"。

"士不可以不弘毅，任重而道远。"国家的前途、民族的命运、人民的幸福是我们当代中国青年必须并必将承担的责任。我们与祖国生死相依、生死与共，我们要在奋斗担当中谱写我们的青春！

学好百年党史　守好时代初心

谢明凤

今年是建党100周年，从1921年到2021年，中国共产党走过了整整一百年的历程。这是苦难中铸就辉煌、挫折后毅然奋起、探索中收获成功、转折中开创新局、奋斗后赢得未来的百年。新时代青年是时代的接班人，我们新时代青年团员应深刻铭记这百年艰辛历程，坚定不移地跟党走。学党史、铭党恩、守初心，用青春力量和青春智慧继续创造令人刮目相看的世界奇迹和辉煌成就，将个人理想同国家命运、同人民群众的需求联系起来，把青春的小我融入祖国和人民的大我中，让青春在祖国最需要的地方焕发绚丽色彩。

在建党100周年来临之际，我读了《习近平与大学生朋友们》一书，从中领悟到，作为新时代青年，我们要学史明理、学史增信、学史崇德、学史力行。从百年党史中读懂共产党人的初心，是一颗全心全意为人民服务的初心。

初心是对人民的赤子之心。中国共产党的宗旨是全心全意为人民服务。中共党史，是一部党为人民谋利益的历史。中国共产党一路走来经历了太多磨难，涌现出一批批英勇战斗的烈士——邱少云、董存瑞……数不胜数，他们抛头颅、洒热血，为祖国献出了宝贵的生命。还有更多的党员在平凡的岗位上鞠躬尽瘁，在忘我的无私奉献中诠释了服务人民的赤子之心。哪有什么岁月静好，只不过是有人在替我们负重前行！初心使命，就是无数革命先烈们那吃苦耐劳、对革命事业忠诚、为共产主义事业奋斗终生的精神！

学百年党史，守好时代初心。以史为镜，学习党史，在学习阅读的过程中感受榜样的力量。认清当代中国所处的历史方位，增强历史自觉，将历史的经验与个人的道路凝结在一起，不忘初心，砥砺前行。作为新时代青年，我们要在今后的工作生活中，加强党史的学习，提高思想意识，学好专业知识，始终坚定内心，孜孜不倦学习、静心钻研理论、积极掌握技能、竭力提升素养，努力提高自身的德、智、体、美、劳素质；其次，多向老一辈党员同志学习，多听他们自身的革命经历，学习他们的光荣传统以及优良作风，以激励自己不断进步，学会思考、善于分析、正确抉择，做到稳重自持、从容自信、坚定自励;坚持不忘初心、牢记使命,坚定信仰、勇敢斗争,一切为了人民,一切依靠人民,为全面建设社会主义现代化国家贡献青春智慧和青春力量。

我们党走过了百年奋斗征程,无数先烈革命前辈燎燃了手中的火炬,当下,让我们从前人手里接过历史的接力棒,汲取前行奋进的力量,砥砺笃行,时刻叩问初心,直面人生曲折,笑对风雨坎坷,在为祖国、为人民、为民族、为人类的奉献中彰显青春力量、实现个人价值,不忘前路,牢记使命,让青春的光照亮为实现伟大复兴梦想而前进的道路。

爱我中华　圆我中国梦

李凯烁

"五星红旗，你是我的骄傲，五星红旗，我为你自豪……"这是无数华夏儿女看到五星红旗冉冉升起时共同的心声。"为什么我的眼里常含泪水？因为我对这土地爱得深沉……"风雨洗礼后的五星红旗，像凤凰涅槃，彰显着庄严与神圣；峥嵘历程后的五星红旗，如飞龙在天，昭示着信心与力量。鲜红的高度，豪迈的情怀，虽然没有惊涛骇浪，但有一种排山倒海的气势在起伏，有一种雷霆万钧的力量在激荡。自信从五角星的光芒中笑傲风景，龙的传人在伫立守望，回忆着峥嵘岁月：中国共产党奋勇一跃，政治伟人叱咤风云，革命先烈浴血奋战，全国人民团结奋斗。共产党和社会主义照耀下的中华巨龙，承载着民族复兴的宏伟誓愿，凌云决霄。

2020年是中华人民共和国历史上极不平凡的一年，面对严峻复杂的形势任务和前所未有的风险挑战，以习近平同志为核心的党中央带领全党全国各族人民齐心协力，经过艰苦努力，疫情防控取得了重大战略成果，经济增长率由负转正，脱贫攻坚取得全面胜利，"十三五"规划圆满收官，全面建成小康社会取得了伟大历史性成就，创造了中华民族伟大复兴征程上的新辉煌。在重压之下，能够把14亿人民拧成一股绳的政治力量，唯有中国共产党！2020年，这是永难忘怀的一年，也是经受淬炼的一年，令我深切体会到中国共产党主心骨、定心盘的作用。接踵而至的2021年，亦有着特殊的重要性——2021年是实施"十四五"规划、开启全面建设社会主义现代化国家新征程的第一年，是中国共产党成立100周年！当2021年的第一抹霞光升起，我们且把2020年的感怀放下，勇敢出发。

青年强则国家强，青年兴则国家兴，青年一代有理想，有本领，有担当，国家就有前途，民族就有希望。作为中国的青少年，我们要理性爱国，真挚爱党；自觉树立和践行社会主义核心价值观，坚定对社会主义的信念；跟随着党的脚步，走在建设中国特色社会主义的道路上，把激情与热情凝聚到实现伟大中国梦的历史进程中，"不忘初心、牢记使命"。

作为一名师范生，我还有一个很重要的身份——一名立志成为老师的大学生！我要努力学习，学好专业知识，打好各门学科的基础，积极参加学校学院开展的活动，提高自己的综合素质和能力，为了成为祖国未来花朵的培养者、成为祖国未来的栋梁，我要努力向习近平总书记提出的"四有"老师一步一步靠近，成为一名有理想信念、有道德情操、有扎实学识、有仁爱之心的未来好老师！

  今年是党成立的 100 周年！祝福党永远闪烁金色的光芒，巍然屹立于世界的东方！雄鹰在天空展翅高飞，江河永远奔流不息。作为青年学子，我们不能期望脚下处处阳光道，不幻想头顶一片艳阳天，不忘记最危险的时刻战歌飞旋！我们要当海阔天空的追梦者，做脚踏实地的圆梦人，不忘初心，砥砺前行，爱我中华，圆我中国梦！

建党百年　永葆爱国之心

邢斯越

在上《毛泽东思想和中国特色社会主义理论体系概论》课的时候，老师问了我们一个问题：是大国崛起重要，还是小民尊严重要？有些同学赞成前者，有些同学又赞成后者，而我认为，无大国崛起何来的小民尊严呢？如今我们安定的生活，如无我们伟大的祖国为我们遮风挡雨，是否还能过上这样的生活呢？

在中国人的精神谱系和文化血脉里，国家、家庭、个人是密不可分的。在个人的人生道路上，往往和国家的命运同频共振、息息相关。家国情怀的持有，犹如个体的身体里奔腾着一条川流不息的大江河，彰显着成熟的态度，也是胸怀天下的气魄与担当。在新时代社会主义核心价值观的引领下，我们早已不自觉地将同胞的安危、祖国的富强系于心。每当我想起我是中国人的一瞬间，总有一种莫名的自豪感，是因生于这伟大的国家而无比自豪。

或许是林则徐的"苟利国家生死以，岂因祸福避趋之"，或许是杜甫的"感时花溅泪，恨别鸟惊心"，或许是辛弃疾的"了却君王天下事，赢得生前身后名"。从古至今，爱国精神就蕴藏在中华民族的历史长河中，每个时期都有着不同的表现。

"新疆棉花"事件让人们义愤填膺，许多国际知名品牌在大赚中国人钱的同时，又在所谓的新疆人权问题上大肆攻击中国，这是对中国以没有证据的指控和不加区分的指责。但，中国早已不是一个世纪前的那个旧中国了。我们掷地有声和气节凛然地进行了回应。"我们中国人不吃这一套"，我们中国人就没怕过！

不忘来时路，正因为有中国共产党为人民抛头颅洒热血，中国才能在泱泱历史长河中不惧风浪，站稳脚跟，有了今天的繁荣富强。百年的风雨洗礼后，留下的是不变的信仰和不懈的追求，用行动诠释着"为人民服务"的宗旨，让党旗永远飘扬在人民群众的心中！

没有共产党就没有新中国。党是大海中的灯塔，是沙漠中的绿洲，是人民心中的信仰。我们青年要勇于担当，敢于付出。学习榜样们"我将无我，不负人民"的信仰，追寻他们的足迹，扎实学好专业知识，努力成为一名人民教师，真正地去干实事。听党话，跟党走，怀爱国之心，坚定强国之志，以实践去报国！

心之所向　吾之中华

林佩萱

  当别人问我是哪里人时，我可以很自豪地答道：我来自一个伟大的国家，我是一个中国人！

——题记

  时光如水，岁月如梭。今年是2021年，是中国共产党建立100周年。回望百年党史，从1921年至今，中国共产党始终带领全国人民披荆斩棘，前仆后继，攻坚克难，锲而不舍，谱写了一篇篇时代的赞歌。

  重览百年足迹，回首建党往事。1921年7月23日晚，中国共产党第一次全国代表大会开幕，来自全国各地的13名代表和共产国际代表见证了这一历史时刻。经过8天的讨论，就在会议将要结束的时候，7月30日晚，法租界的一个巡捕突然闯进，会议不得不中断，代表们迅速转移到浙江嘉兴，最后在南湖的一艘游船上召开了最后一天的会议。众所周知，中国共产党的成立给灾难深重的中国人民带来了曙光。这开天辟地的大事件，使中国的命运从此发生了根本改变。

  中国共产党带领人民一路披荆斩棘，结束了中国任人宰割的局面；也是中国共产党，领导中国人民建立了社会主义新中国，然后实打实干，一步一步稳扎稳打，使中国特色社会主义屹立于世界的东方。在毫无经验的情况下，从借鉴外国的科学技术，慢慢到拥有自己的专利，到超越，到成为世界领先。习近平总书记曾说过，"只有理想信念坚定的人，才能矢志不渝百折不挠，不论风吹雨打，不怕千难万险，坚定不移为实现既定目标而奋斗"。是啊，我想正是在这种不畏艰难不怕牺牲而坚守初心的党的领导下，我们的进步才会如此之快！

  在应对突发事件时，党员更是起了模范作用。庚子年末，一场突如其来的新冠肺炎疫情暴发。因疫情暴发速度之快，本地仅有的医护人员和医疗设备不充足。这时，党中央一声令下，全国各地医护人员奔赴抗疫前线，最小的医护人员才刚成年。记得对医务人员的采访中，有句令我印象深刻的话："我怕啊，但我是共产党员，我不上谁上？"这句话令我感慨万千，他们也是爸妈的宝贝啊，他们的身后也许有宝宝、有爱人，但是他们还是义无反顾地选择投身到抗击疫情的战场中。除了医护人员，还有很多党员干部在这次疫情中奉献了许多。党为人民服务的宗旨便在此处表现得淋漓尽致。

  而我，有幸是一名中国人，更有幸成为一名党的后备军——共青团员。百年党史的辉煌我们年轻一辈已饱览，接下来中华民族的复兴征程由我们年轻一辈来创造。心之所向，吾之中华。我们不忘初心、牢记使命。在前行的道路上，仰望星空，脚踏实地，不负韶华。

百年征程　千秋伟业

许榕姗

百年峥嵘岁月，百年风雨征程。回顾党的历史，我们仍记忆犹新、热血沸腾。1921年的7月，中国共产党第一次全国人民代表大会在嘉兴南湖的游船上举行，庄严宣告中国共产党成立了。自此，一个新的革命火种在黑暗的中国大地上点燃起来，为中国人民指明前进的方向。

我们不会忘记那二万五千里的长征，使中国革命转危为安；不会忘记那14年的抗日浴血奋战，结束了近代中国反抗外国侵略屡战屡败的局面；不会忘记，1949年10月1日那一句铿锵有力的话语："中华人民共和国中央人民政府今天成立了！"至此中国人民站了起来，成为国家的主人；不会忘记1978年召开的中共十一届三中全会，标志着我国的社会主义现代化建设进入一个新的历史时期……还有很多很多中国共产党带领我们完成的伟大历史事件。

历史的车轮滚滚向前，转眼来到2021年，中国共产党自成立以来已经历过百年风雨的洗礼。站在百年历史的关键点上，回望过去一年，感慨万千。

庚子年春，一场突如其来的新冠肺炎疫情不期而至。这次疫情是中华人民共和国成立以来在我国发生的传播速度最快、感染范围最广、防控难度最大的一次重大突发公共卫生事件。不到几天时间，已有上万人感染病毒；2020年1月23日作为交通中枢的武汉封城了，一座昔日繁华的城市陷入了沉寂。这是史无前例的，但是，这重大的危机恰好是考验党的执政理念、领导能力的试金石。

在疫情危及人民生命安全的危难关头，在中国共产党的领导下，共产党员冲在最前面，全国3900多万名党员干部战斗在抗疫第一线，460多万个基层党组织高效运转，1300多万党员参加志愿服务，近400名党员、干部为保卫人民生命安全献出了宝贵的生命。广大党员不忘初心，当先锋，做表率，"我是党员，我先上"，签下"不计报酬，不论生死"的"请战书"，不惧危险，毅然支援一线。在这一场没有硝烟的战争中，无数名共产党员挺身而出，鲜红的党旗在防疫抗疫的第一线，高高飘扬。

中国共产党始终坚持以人民为中心，始终把人民群众的生命安全和身体健康放在第一位，在人民生命安全和经济利益之间发生冲突时，果断选择了人民的生命安全。宁可经济受损，也要保证人民的生命安全和身体健康；不惜一切代价抢救每一个生命，不遗漏每一个患者，不放弃每一个患者，上到百岁老人，下到初生婴儿，做到应收尽收、应治尽治，并且治疗费全由国家承担。

抗疫战争中，习近平总书记亲自部署，亲自指挥，多次召开有关疫情的会议，适时调整防控疫情策略，细抓疫情防控工作。疫情防控的成效充分表现了中国共产党以人民为中心的执政理念和强大的领导力，也让我们充分认识到：风雨来袭，中国共产党的领导是最重要的屏障，是最可靠的依托。我们无比庆幸，也无比自豪，我们身后是伟大的中国，是伟大的中国共产党！

回望"来时路"，一代代共产党人前仆后继、披荆斩棘、砥砺前行；展望"未来路"，作为共产主义的接班人及建设者，我们应该铭记历史，在历史中汲取党的智慧和力量，拥护党并发扬党的光辉及优良传统。

爱国者 奉身以报国也

林贝贝

"人民对美好生活的向往就是我们的奋斗目标",中华人民共和国迎来百年华诞。1949年10月1日下午3时,毛泽东同志站在麦克风前向全世界庄严宣告:"中华人民共和国中央人民政府今天成立了!"自此,一代一代的中国人民矢志不渝地为党、为国家奉献自己的绵薄之力。"爱国"一词深入人心,但什么是爱国?怎样才是爱国?

爱国者,未尝以示有余兮,致报国之心,存浩然之气,凛烈万古存。怀赤子之心的五星红旗设计师曾联松,在大学因迅速转移而导致脱离党组织关系,自此恢复党籍成为他的执念,他埋头苦干,从不发表意见,由他设计的五星红旗也是在报纸刊登之后才为大众所知,他曾改名为曾楒,以此告诫自己无论身处何时何地都要时刻记住作为一名党员的职责。在68岁时,已经退休的曾联松终于在党旗下宣誓加入中国共产党。他有千言万语,却只浓缩成了一句话:"我终于落叶归根了。"

爱国者,以国须奉身,以国利负重,为国之复兴而殚精竭虑。"杂交水稻之父"袁隆平,从一个向往田园之美、农艺之乐的孩子转变为立志改造农民、为农民做实事的农业科学家。在目睹中国饱受日寇欺凌之后,他下定决心要做一番事业,为国家做贡献。他自愿到长江流域工作,在雪峰山执教18年,每天趴在显微镜下观察植物的微观构造,徒手切片,本着"中国人要把饭碗牢牢地端在自己手里"的信念,一步一步探索前进,带领杂交水稻从这座山坳里走向世界。即将成为"90后"(90岁)的袁隆平依然每天到办公室工作,带领团队继续推进"中华拓荒人"计划,他的脚步永不停歇,他的梦想渐渐开花,为祖国奉献的最大心愿随我们祖国的日益繁荣而共同成长。

爱国者,为国威泰山压顶而面不改色,执节不屈,临危不惧。中国华为公司的创始人任正非,认为"该干什么干什么,多为国家产生一颗土豆就是贡献",作为华为的灵魂,这个74岁高龄的企业家不妥协,不求政府帮忙,不把中国利益给美国换取华为的生存,坚定认为美国打不垮华为,不拿中国老百姓的钱送给美国解脱困难,自信地把技术展现给全世界,在逆境中解决企业文化、市场开拓、技术研发,完成了"如何做大、做快、做好的课题",

使得最新款 AI 芯片"昇腾 910"正式亮相。在面对"如何做多、做新、做久"的课题时，作为中国华为的创始人和精神领袖的任正非带领华为完成又一次的蜕变和新生。

"中华人民共和国的公民，当你在海外遭遇危险，不要放弃。请记住：在你背后，有一个强大的祖国"，这是祖国对我们的承诺；"若有战，召必回"，这是每一个退伍军人报效祖国的决心；"为中华之崛起而读书"这是每一个中国学生为国努力的志愿。中华人民共和国成立以来，一代又一代的英雄儿女在中国共产党的带领下为新中国的建设奉献一生，用实际行动表达了自己的爱国情。爱国的力量无处不在，深刻体现在为祖国的发展而努力的方方面面。每个人都能爱国，每个人为祖国做出一点贡献，把小我融入大我。

作为中华民族的一份子，报国是我们的使命，爱国不是非要经历枪林弹雨、浴血奋战，而是一个平凡的人在一个平凡的岗位上做一件为国家为人民的事。我们青年人要勇于发挥先锋模范作用，主动参观革命遗迹、学习党的红色历史、缅怀革命先烈，向各个时期的优秀党员学习，通过学史明理、学史增信，在伟大的中国共产党的带领下身体力行，为祖国发挥自己的才干。

庆党华诞　颂我华夏

范一烨

　　中国，我最亲爱的祖国啊！你曾经历多少曲折，历经多少磨难？终于，在中国共产党的带领下，打跑了西方的"猛虎"，驱散了战争的硝烟。

　　黎明的黄辉染红了大地，而今的你在东方熠熠生辉，让世界瞩目。回首过去，辉煌后的没落，那段灰暗的日子，中国人并没有放弃希望，不断学习奋进，创新发展，最终，在1921年7月我们迎来了伟大的无产阶级，以毛泽东为代表的第一代共产党人，团结全国各族人民，积极对抗外来侵略，推翻了帝国主义、封建主义、官僚资本主义三座大山。

　　党，你在我的心中，是"家"坚定的捍卫者与建设者，饱经风霜又百折不挠。自你诞生的那天起，便在腥风血雨中日益成长，领导了艰苦卓越、震惊世界的中国革命，为推翻长期压在人民头上的三座大山而浴血奋战，让中国人民取得了民族独立和解放，真正当了家做了主。在中华人民共和国成立之后，你又领导人民进行轰轰烈烈的社会主义改造和建设，在为实现祖国繁荣富强的梦想而不懈努力。面对东欧剧变、苏联解体，国际共产主义运动处于低潮的情况下，你力挽狂澜，成为共产主义运动的中流砥柱，在列强逞凶、恃强凌弱的时候，你凛然不屈，坚决抵制国际霸权主义和强权政治，描绘和平与发展的社会蓝图。是你孕育的千千万万共产党员以坚定的信念守护着亿万中国人的家园，为我们创造幸福生活。

　　从小我们都生活在一个安定的社会里，不懂得什么是战争，什么是苦难。小时候党在我心中是一个抽象的概念，刚开始对党的认识是由那一个个感人的故事与一位位英雄人物而组成的，在小学课本中我们认识了董存瑞和黄继光。这些扣人心弦、惊心动魄的故事和这些闪亮的英雄人物的名字，在我幼小的心灵中深深地扎下了根。每当英雄人物的出现我们总是很兴奋，似乎看到了曙光，看到了一股能带领我们走向胜利的曙光。

　　尤为深刻的是一部关于焦裕禄的纪录片，看得我泪流满面，同时心中有着无限感慨，特别是焦裕禄在兰考任县委书记那一段。兰考县是一个遭受内涝、风沙、盐碱"三害"的县，是一个有名的穷县。焦裕禄来到兰考后踏遍兰考方圆2500多平方千米的土地，掌握了兰考三害的第一手资料，并绘制了详细的排涝泄洪图，随后制定了一个抗灾治害的蓝图。在他的带领下，经过一年的艰苦奋斗，兰考人民齐心协力终于治理了风沙，兰考的三害逐渐得到控制，但最后焦裕禄被病魔夺去了生命。

  正是有着无数像焦裕禄这样的党员，他们在自己的岗位默默奉献，坚守着这片家园。我为他们而骄傲，也为我是中国人而自豪。我爱党，爱这片土地，爱我生活着的家园。我会尽我绵薄之力，积极响应党的召唤，以"崇高的理想、创新的意识、无畏的勇气"发挥青年的智慧、风采和力量，共同建设和守护我们美丽的家园！

吾有所爱 其名华夏

刘瑞敏

百年征程波澜壮阔，百年初心历久弥新。回首往昔，历史不会忘记党带领人民浴血奋战、实现民族独立的筚路蓝缕；还看今朝，时代不会忘记党带领人民建设祖国、实现民族复兴的丰功伟绩。翻开这风云激荡的红色篇章，100年来中国共产党尝尽了艰难困苦，但仍初心不改、奋勇向前。一代人又一代人保家卫国的责任、接力和使命，在穿越时空当中给我们神圣的精神对接，成为我们薪火相传的稳固基础以及前仆后继的坚实后盾。

百年奋斗历程中，一代又一代中国共产党人顽强拼搏、不懈奋斗，涌现了一大批视死如归的革命烈士、一大批顽强奋斗的英雄人物、一大批忘我奉献的先进模范，形成了一系列伟大精神，构筑起了中国共产党人的精神谱系，为我们立党、兴党、强党提供了丰厚滋养。瞿秋白就用自己短暂的一生向人们证明了何为壮志、何为爱国。瞿秋白被国民党反动势力捕获后，对于敌方提出的诱惑性条件，他都不为所动，坚守本心。不管是诱降还是用刑折磨，瞿秋白始终相信中国共产党一定会带领人民建设一个新中国，所以他宁愿赴死明志。

宋代大文豪苏轼曾经说过："古之立大事者，不惟有超世之才，亦必有坚忍不拔之志。"我们的革命先烈，有像瞿秋白一样为祖国抛头颅洒热血的英雄，同时也有隐姓埋名、默默为祖国奉献的英雄志士。中华人民共和国成立伊始，经济萧条、百业待兴，中华儿女纷纷投身国家建设的浪潮。他，是中国工程院院士，因为中国核潜艇事业的发展做出了重要贡献，被誉为"中国核潜艇之父"。他便是黄旭华爷爷。在祖国的召唤下，黄旭华将一生都献给了中国核潜艇事业。当初为了保密，他隐姓埋名三十载，默默奋斗在科研一线，甘愿当无名英雄。30年里，父母及其8兄弟姐妹都不知道他在干什么。父亲临终前他未能见上最后一面，全家人都在骂他不孝、无情、冷血。然而面对家人的误解，他却用实际行动告诉家人，既然自古忠孝两难全，为国坚守是忠，服侍父母是孝。那他愿意把对父母的那一份"服侍"，变成对更多家庭的守护以及对国家的坚守。没有大国之邦，哪有小家可言。吾有所爱，其名华夏。

一张小方桌有一荤一素的菜肴，和妻儿父母好好共享一次晚餐成为黄旭华爷爷的奢求。人生最大的遗憾莫过于，子欲养而亲不待。父母的头发渐渐披上霜花，自己在中国核潜艇研究工作上实在是抽不开身。直到父亲去世，他也未能见到最后一面。我想：黄爷爷父亲要是能知道自己的儿子为国家做如此大的贡献，他在另一个世界也会很自豪的，更不用说"怪罪"了。或许他会时常去儿子的梦里，只不过来时的脚步很轻，生怕影响孩子的研究工作。

　　中国，在共产党的领导下，不再被别人冠以"东亚病夫"的蔑称，而是跻身于世界舞台，成为其中不可缺少的重要成员。利比亚战争爆发，中国派出军舰和飞机几天内将三万中国侨民撤回；也门内战爆发，漫天炮火中，中国第一个完成撤侨；尼泊尔地震发生不足 48 小时，上千名侨民被接回祖国。我们不再像牲口一样活、蝼蚁一样死，这就是中国！吾有所爱，其名华夏。

　　百年前，李大钊先生大声疾呼："人人奋青春之元气，发新中华青春中应发之曙光。"百年后，新时代的中国青年庄严宣誓："青春万岁，强国有我。"时光不老，奋斗不止，立志于千秋伟业，百年恰是风华正茂。

写给党的一封信

陈雨帆

你在那河山破碎的历史时期诞生,
你宛如黎明时分升起的太阳,
给那东方古国带来了无限的希望,
——是你,中国共产党。
从南昌起义到红军长征,再到抗日战争。
你一次次与内外反革命势力作斗争,
你一次次在生与死之间做出选择。
从南湖水上出现充满希望的红船,
再到毛主席登上天安门城楼。
你不知经历了多少苦难,
但你始终坚信星星之火,可以燎原。
从1921年到2021年,
你带领中国人民走过了波澜壮阔的百年。
也见证了中国人民从站起来、
到富起来再到强起来的这个艰辛过程。
此时,你迎来你一百岁诞辰,
那神州大地呈现出一片繁荣。
啊,中国共产党,
这一切的胜利离不开你的伟大选择。
我们的党啊,我们将不负你的重望,
青年的我们将接过时代的接力棒,
继续为实现中华民族伟大复兴而奋斗,
为祖国建设锦上添花。

学党史 强信念 跟党走

林雨涵

2021年是中国共产党建党100周年，百年征程波澜壮阔，百年大党风华正茂。在中国共产党成立100周年之际开展党史学习教育，可以说是意义非常重大。正如习近平总书记所说："历史是最好的教科书。""只有全面地学习党史、了解党史、用好党史，才能更好地认识和把握现在，更好地面向和开创未来，为新时期新征程奋力担当作为。"

在学习党史的过程中，我有以下三点收获：

一、学好党史，坚定共产党人的理想信念

做到学史明理，把开展党史学习教育作为坚定理想信念的"磨刀石"。百年回眸，党史记录了中国共产党的奋斗足迹和光辉历程，是党团结带领全国各族人民改变中国人民和中华民族前途命运的真实记载。学习党史，深入了解党和国家事业的来龙去脉，了解党的光辉历程中的重大事件和重要人物，了解党的光荣传统、宝贵经验和伟大成就，在深入学习和不断领悟中厘清历史脉络、认清历史真实、听清时代脉动，最终将其转化成为不可撼动的理想信念。

二、学好党史，汲取不断前行的智慧力量

我们党的百年历史，蕴含着丰富的经验和智慧，是一笔宝贵的精神财富。习近平总书记强调，要"在对历史的深入思考中汲取智慧、走向未来"。学习党史，我从党史中汲取艰苦奋斗、迎难而上的智慧和力量，汲取实事求是、真抓实干的智慧和力量，汲取服务人民、依靠人民的智慧和力量，汲取永葆初心、勇担使命的智慧和力量。中国共产党百年历程一路走来，累积了大量的历史智慧、政治智慧、管理智慧，只有学好党史、将党的历史上形成的庞大智慧体系传承下去，才能从党史中汲取滋养、丰富智慧、增强力量，将历史智慧转化为新时代不断前进的力量。

三、学好党史，从党史中汲取前进动力

我们党所取得的伟大成就是一代又一代共产党人顽强拼搏、不懈奋斗、忘我奉献的结果，形成了红船精神、井冈山精神、长征精神、延安精神、西柏坡精神、抗疫精神等一系列伟大精神。在实现中国特色社会主义的伟大事业和中华民族伟大复兴的宏伟目标过程中，涌现了一大批的革命烈士、一大批顽强奋斗的英雄人物、一大批的先进模范，构筑起了中国共产党人的精神谱系，为我们立党、兴党、强党提供了丰厚滋养。而在学习这些党史的过程中，这些精神会给我提供源源不断的前进动力。

习近平总书记说，"走得再远也不能忘记来时的路"，只有不断学习党史，从中汲取智慧、增添力量、坚定信念、汲取前进动力，才能将历史智慧转化为新时代不断前进的力量。真正做到知史爱党、知史爱国、知史爱岗，将学习成果转化为工作业绩，以优异成绩喜迎建党 100 周年。

学百年党史　做红色少年

邓芸儿

　　100年来，我们国家从风雨飘摇，到如今的安定富强，我想，那一定是中国共产党人带领中国人民在这100年的风雨中不断富强，直至今日中国在世界的舞台中闪闪发光。党史，既是中国共产党的百年奋斗历程，也是镌刻着我们中华民族顽强的生命力和凝聚力的重要篇章。在党的百年华诞之际，我阅读了《中国共产党简史》，感悟中国共产党之百年征程与硕果辉煌。

　　中国是一个拥有五千年灿烂历史的文明古国，然而，在中国的最后一个王朝——清王朝中，统治者陶醉于"康乾盛世"的兴盛，闭关锁国，固步自封，原本落后于中国的西方欧美国家却跑在了中国的前面。就这样，英国用鸦片战争打碎了清王朝统治者的美梦，中国沦为了半殖民地半封建社会。我爷爷曾提到，他的爷爷那个年代，人们几十年缺衣少穿，苦不聊生，过着牛马不如的生活。再后来，日本侵略者肆无忌惮地烧杀抢掠，辱我同胞，无恶不做……如果没有中国共产党带领我们推翻无恶不作的旧社会，打跑无耻的日本侵略者，也就没有我们富强安稳的今天。

　　在党波澜壮阔的百年历史画卷中，前仆后继的英雄人物在岁月里熠熠生辉。我们会永远铭记毅然走向敌人刑架的李大钊，他呐喊，"共产主义在中国必然得到胜利"；我们会永远铭记党的好女儿刘胡兰，死时未满15周岁的她，在铡刀面前斩钉截铁地喊出"怕死不当共产党"；我们会永远铭记用血肉之躯掩护大部队进攻的黄继光、为了炸掉敌人碉堡献出生命的董存瑞……英雄为了推翻旧社会、解放全中国，不怕流血，不怕牺牲。在他们的英雄事迹中我明白了，在中国共产党的领导下，人们才能翻身，才能当家做主。

　　爷爷感慨，从温饱不足到全面小康，手机、电脑、汽车……这是当年的他们想都不敢想的……然而，自从党的十一届三中全会做出改革开放的伟大决策以来，中国像一条巨龙从东方腾飞，国民经济、生活水平飞速发展，家家户户盖起了新房。我们再也不是列强口中的"东亚病夫"，国家富强了，中国人民的腰杆也直起来了！

　　香港和澳门的回归、2001年中国加入世界贸易组织、北京奥运会和上海世博会的成就、汶川大地震党和人民齐心协力抗线救灾、疫情中党中央正确的决策和周密部署以及展现的大国风范……在中国社会发展的不同时期，我们党都与时俱进，发挥了政治核心领导作用，中国才得以如此富强安定，在世界舞台上熠熠生辉。

习近平总书记指出："历史是最好的教科书。"学习党史，我感受到了先辈们的初心使命。作为大学生，我也要从中汲取精神力量，不断学习，将个人理想与祖国理想相结合，为中国的富强贡献自己的力量。

《中国共产党简史》读后感

吴志芸

在前不久刚参加完入党的校级党课 2021 年第一期发展对象的培训，其中自学任务就包括党史的学习，故我有幸翻阅了《中国共产党简史》一书，感想良多，在中国共产党百年华诞来临之际，我深情地写下此文。

《中国共产党简史》是中央宣传部为纪念中国共产党成立一百周年而组织编写的，该书从 1921 年中国共产党的成立，新民主主义革命时期，社会主义革命建设时期，党的十一届三中全会、十三届四中全会，党的十六大、十八大等讲述中国共产党的百年历史，是一部不懈奋斗史、思想探索史、自身建设史。

100 年前，在那个炮火纷飞的黑暗年代，列强侵略、军阀混战、政治腐败、民不聊生，但在嘉兴南湖上一艘小小的红船飘飘荡荡，它承载着人民的重托、民族的希望，越过激流险滩，穿过惊涛骇浪，拨开了笼罩于千万仁人志士心头的迷雾，让共产主义的旗帜冉冉升起，点燃了华夏大地上的星星革命之火。

100 年来，中国共产党从小到大，从弱到强，从幼稚到成熟，不断发展，从建党之初的五十几名党员，逐步发展成为九千多万党员的大党，这 100 年，中国共产党领导我们完成了新民主主义革命任务，实现了民族的独立和人民的解放，建立了中华人民共和国，中华民族以崭新的面貌重现世界民族之林，中国人民从此站起来了。

100 年后，车水马龙，欣欣向荣。光阴似箭，日月如梭，转瞬之间我们迎来了中国共产党诞生 100 周年，一百年沧桑巨变。

一路走来风雨兼程，我也已从一名入党拟发展对象成为一名正式的中共预备党员，忆往昔峥嵘岁月，展未来任重道远。作为一名中共预备党员，我为我们所生活的这个时代而骄傲，故我们要坚定中国特色社会主义的道路自信、理论自信、制度自信、文化自信，坚持跟党走，切实做到"学史明理、学史增信、学史崇德、学史力行，学党史、悟思想、办实事、开新局"。

百年恰是风华正茂，百年仍需风雨兼程，我们应不忘初心、牢记使命，增强"四个意识"、坚定"四个自信"、做到"两个维护"，全面贯彻党的基本理论、基本路线、基本方针。迎难而上，为实现第二个百年奋斗目标、实现中华民族伟大复兴的中国梦而努力。

读《中国共产党简史》有感

梁少盈

2021年,是中国共产党成立的100周年,我怀着崇拜的心,拜读了《中国共产党简史》。书中详细描述了中国共产党从成立到发展壮大,100年里经历的风风雨雨、起起伏伏,让人由衷感叹中国共产党的伟大。

"十月革命"的一声炮响,为中国带来了马克思主义思想,中国的革命思想开始改变,随着马克思主义思想的传播,一批确立了马克思主义信仰的先进分子出现,建立了一个无产阶级政党——中国共产党。

党成立初期,困难重重。让我很好奇是什么让中国共产党一直走到今天。读了《中国共产党简史》,我领悟到了中国共产党能逐步强大、伟大的几点原因。

首先是确认正确的政治思想,以无产阶级为主,反对封建帝国主义,坚定马克思主义思想。当时的中国是半封建半殖民地的社会,帝国主义列强联合压迫中国人民,要想解放中国,必定进行革命斗争。当时的新文化运动思想领袖李大钊坚定跟随马克思的步伐,传播马克思主义思想,将中国引上社会主义的道路。

其次,没有一味地只模仿别人,要有自己的想法,不是所有成功的事情都能模仿复制的。改革开放就要有自己的思想,不断学习,不断思考,尝试创新,才能找到成功的道路。当时的党中央意识到了这一点,改变了革命方针,坚持改革开放,解放思想,实事求是。结合当时中国的社会情形,形成适合中国发展的具有中国特色的社会主义制度。

最后,让群众改变封建思想,党和人民齐心协力,努力奋斗,才有了今天的伟大中国。

作为一名生在和平年代的新时代大学生,我由衷地佩服共产党员前辈们在当时内忧外患、敌人众多的情况下能坚持自己的初心,始终相信党会带领人民胜利。面对敌人对自己的百般羞辱、折磨,陈赞贤坚定地说:"头可断,血可流,解散工会的字我不签!"李大钊面对绞刑架,从容就义;赵世炎慷慨激昂地说:"志士不辞牺牲,共产党必将取得胜利!"这些革命前辈对于反动势力的宁死不屈的精神,今天的我们要敬仰与学习。

  现在的中国逐渐富裕强大,这都是当时的革命前辈流血流泪换来的,我们要珍惜当下的生活,学习前辈不怕苦不怕累的精神。努力学习,科学兴国,努力为建设美好中国贡献出属于自己的一分力量。

延续

许乐奕

2021年是建党100周年,作为新时代青年,我为此感到骄傲自豪。我觉得我们这一代人非常的幸福,也非常的幸运,我们自幼就在党的保护下成长着,我们生活在一片和平、繁荣的天地,这都是革命先烈们为我们打拼下来的天下,是早期的共产党员用生命换回来的,可以说没有他们就没有我们,就没有如今美好的生活。

进入大学生活,第一次思政课,老师就告诉我们,说我们这一代人很幸运,因为我们刚好可以经历党的十八大中提出的"两个百年"奋斗目标。这两个目标是:在中国共产党成立一百周年时全面建成小康社会,在中华人民共和国成立一百周年时建成富强、民主、文明的社会主义现代化国家。2021年刚好是第一个百年目标实现的年份,全国人民在党中央、国务院的正确领导下,众志成城,取得了第一个百年目标的完成。我觉得作为当代青年,作为一名共青团员和优秀党员之家的孩子,我有责任去学习了解我们的党史。

《中国共产党简史》由人民出版社、中共党史出版社出版发行。这本书非常通俗易懂,500多页纸记录了中国共产党从创设和投身大革命的洪流到中国建设社会主义进入新时代,让我对我们党百年来的历程有了了解。在看书的过程中,我感觉就如同看了一次电影,把自己带进当时的画面当中去了,党的这一百年如同我们的人生,有起有落,有得意有失意。看到"全民族抗日战争的中流砥柱"这一章时,我对日军感到愤怒,日本军国主义者发动的对华战争,妄图灭亡中国,想变中国为其独占的殖民地。他们企图用3个月的时间"灭亡中国"。在1945年8月15日,日本天皇裕仁以广播形式发布《终战诏书》,日本无条件投降了。此刻,我内心涌出强烈的骄傲自豪感,我为中国骄傲,我为自己是中国人而自豪。

从小在党员之家成长的我,受到爷爷、爸爸、叔叔等优秀党员的熏陶和教导,从少先队员到共青团员到入党积极分子,我一直在向党组织靠拢,争取早日能入党。作为班里团支部的支书,我首先会做好自己,刻苦学习科学文化知识,争取掌握过硬本领,为实现中国梦做出更大贡献;认真学习党的十八大报告精神,努力学习,树立正确的世界观、人生观和价值观。其次,起到带头作用，带领着我班团支部队伍不断提高整体素质，感悟党的初心使命，领会党的创新理论，不断追寻党的红色征程，牢记先辈们为我们做出的牺牲和贡献。我们会坚持服从中国共产党的领导，践行社会主义核心价值观，学习党史，坚定自己的理想信念，向党组织积极靠拢，立志做党的光荣传统和优良作风的忠实传人。

学党史 话心得

彭彬彬

"中国共产党是中国工人阶级的先锋队,同时是中国人民和中华民族的先锋队",党章的这个表述是对党的性质的新概括,深刻体现了继承与创新的统一、党的阶级性与群众性的统一。

2021年是中国共产党建党100周年,百年征程,波澜壮阔,百年大党风华正茂,全党上下以及有关部门都开展了系统的党史学习教育,我作为一名新时代大学生,在本次的党史学习中坚定了信念,明确了方向。

没有共产党就没有新中国。在中国共产党的带领下,中华民族已不再是饱受烈强欺辱,中国已是闻名世界的东方国家;国家的经济已从过去的白手起家到现在的位居世界第二,人民的生活已不愁吃穿,已全面奔向小康社会……历史证明了,中国这一伟大的转变,就是因为有共产党的正确领导。

通过对过去100年党史的学习回顾,我更加清晰地看到了中国共产党百年来的革命步伐和革命精神;更加真切地感受到了革命先烈们的智慧和英勇。党的百年历史表明:没有科学的理论,就没有正确的行动。在中国共产党的带领下,现在的中国已经成为政治、经济、军事大国。作为一名中国的新青年,我深感自豪,我们生在红旗下,长在春风里,人民有信仰,国家有力量,目光所至,皆是华夏;五星闪耀,皆为信仰。华夏文明源远流长,而历程曲折,中华民族勤劳智慧而饱经磨难。

作为当代的新青年,我们是时代的主力军,更要坚定立场,跟党走,听党指挥,积极向党组织靠拢。始终以一名党员的身份要求自己,始终保持党员思想的先进性,始终以思想教育为引领,坚持不断学习去提升自己,提高思想站位,立足实际,守正创新,深刻学习领会新时代党的新理论,坚持不懈地用党的创新理论最新成果武装头脑、指导实践和推动工作。

如今,距离那句在南湖游船响起的"全世界所有无产者联合起来"已经整整100年了。在这100年里,中国共产党带领中国人民解放思想、改革开放,使中国富起来了;带领中国人民披荆斩棘、乘风破浪,使中国强起来了。如今,站在"两个一百年"目标的历史交汇点,站在先辈们的肩膀上,我们更应该砥砺奋进,只争朝夕!

星星之火燃少年　代代相传振中华

叶秀君

那年南湖的小红船，历经百年的锤炼，已经变成了巍巍巨轮；那年的星星之火，延续百年的传承，已经变成燎原之势。百年来，中国共产党与国家栉风沐雨，砥砺前行，为着人民的理想和目标努力奋斗，不畏艰难。作为当代大学生，又有多少人了解党背后那些惊心动魄、赤诚忠贞的故事呢？在中国共产党建党 100 年之际，我在学校的积极宣传鼓励下，进行了党史的学习，为革命先辈的爱国大义和进步思想所震撼。

这时我脑海里不禁浮现一段影视画面：满地的鲜红血水，双脚被脚镣禁锢，伤痕累累，却坚定有力地踏过，脚踩在血泊里，溅起血花，两个年轻人在奔赴刑场时，义无反顾，毫不退缩，他们脸上的笑容，震撼着我的心灵，他们就是新文化运动的领袖之一陈独秀之子——陈乔年、陈延年。历史书上对他们的记载很少，两个少年为着共产主义理想英勇献身，在那个年代，还有许许多多像他们一样的"新青年"，为了中华民族的伟大复兴而奋斗。

在那个觉醒年代里，我看到的是中国青年对着《共产党宣言》举起右手，让灾难深重的中国看到希望的曙光，解救中国于水深火热之中，从那以后，一代又一代的青年，像星火一样燎原。百年党史，薪火相传，1978 年，当邓小平带领中国人民走上改革开放的富强之路时，他已经 70 多岁了，早已不再是青春少年，但是，共产主义理想和为中华民族谋幸福的梦想都在他青年时期立下。

有人问："电视剧《觉醒年代》还有续集吗？"我看到一个评论说："我们现在的幸福生活就是续集。"

作为新时代的中国青年，一名入党积极分子，我觉得我们不能享受安逸，历史车轮滚滚向前，新时代有新时代要面临的挑战。"雄关漫道真如铁，而今迈步从头越"。在学习党史的过程中，我一边学习，一边思考，在学习中成长，在锻炼中成熟。我会用党员的标准严格要求自己，积极发挥先锋模范带头作用，时刻跟随党的思想步伐，知党，学党，信党；我会在党组织的带领下，不断提升自我，完善自我，即使没有成为一名党员，我也会依旧如此，为国家，为社会贡献自己的一分力，以青春之我，创建青春之国家。

个人只有将自己的命运与国家的发展紧紧相连，才能最大限度实现自我价值。我将以革命先辈为榜样，用信仰的坚持来守住行为的坚持，守正笃志，久久为功，在这伟大的历史征程中贡献我的所有力量。

从党史中领悟党的先进性

余腾云

党史是中国共产党自诞生以来领导中国人民为实现中华民族伟大复兴而进行的探索史、奋斗史、创业史,是全体中国人民智慧的结晶。认真学习党史,能让我们从党发展壮大的历史中汲取养分和智慧。学习党史,使我对中国共产党的发展历程有了更深刻的理解。

一是锤炼绝对忠诚的政治品格。要从党史中汲取强大的真理力量、思想力量、实践力量,不断夯实绝对忠诚的思想根基,进一步增强"四个意识"、坚定"四个自信"、坚决做到"两个维护",做习近平新时代中国特色社会主义思想的坚定信仰者和忠实践行者,始终同以习近平同志为核心的党中央步调一致、行动统一。

二是矢志为人民群众谋利造福。要强化坚守初心的自觉,努力把群众期盼的事变成我们要干的事,把我们在干的事变成群众支持的事,把我们干成的事变成惠及群众的事,千方百计解决好群众的急难事、揪心事、烦心事,不断满足人民群众对美好生活的向往。作为大学生的我们,也应该冲在同学前面,与同学相处和睦的同时乐于助人、关心同学,争做同学中的好榜样,严格要求自己做好身边的大大小小的事。

三是强化义不容辞的使命担当。要进一步深刻认识一代人有一代人担当的本质内涵,把组织的重托、人民的信任看得比泰山还重,以事业为重、以担当为荣,自觉顶起自己该顶的那片天,担起自己该担的那份责任,答好时代之问,创造出无愧历史、无愧时代、无愧人民的更大业绩。

四是汲取继往开来的精神力量。要从党史中汲取敢闯敢试、拼搏进取的智慧力量,继承我们党守正创新的优良传统,用革命先烈先辈的感人事迹和不屈不挠的奋斗精神鼓舞士气、激励自己,不断升华思想境界、陶冶道德情操、涵养浩然正气,把工作干得更好,认真完成学业。

这段时间我不仅认真学习党史,还看了一部令我热血沸腾的电视剧《觉醒年代》,同时也有了自己的感悟。民族的进步首先要破除思想的禁锢,陈独秀创建《新青年》期刊的初衷,这也是新民主主义革命和思想启蒙运动首先明确的,只有开民智才能创新局,那时的中国要自强,需要破除封建帝制,创立一个自由平等公正法治的国家。

面对强权的压迫,内忧与外患交加,人民居无定所,食不果腹,在如此多不利条件的堆叠下,多少仁人志士迎难而上,用崇高的理想和坚定的信念与之抗衡。当今中国何曾缺过挑战与困境,台海问题、香港风波、汶川地震、非典疫情、新冠疫情、金融风波,敢打敢拼的中国人用自己的实际行动积极应对各种挑战。

这山河如你所愿!时代的接力棒传到我们的手中,如何不负期待,更好地传承与弘扬民族理想,建设和发展更好的国家,是留给我们新时代青年人的时代命题,相信我们会用实际行动给出完美的答案。

学以实践　锤炼党性

欧嘉兴

2021年是中国共产党建立100周年，也是新冠肺炎疫情防控的第二年，很多学习活动都转为线上或暂停举行，但我依然不断在学习党史，以下是我在党史学习教育中的心得。

我的学习生活一直离不开党史，特别是今年是建党一百周年，站在"两个一百年"奋斗目标的历史交汇点上，从开学伊始，我在学校以及我院团支部的领导下，不断参加有关党史的学习活动，深入了解、铭记党史，从党史出发，锤炼自身党性。开学伊始，《书记第一课》让我对党的历史有了更进一步的认识，从旧民主主义革命、新民主主义革命，再到社会主义革命，道路虽然充满着坎坷，但是成就都能永载史册；其次，我还参加了党课学习，通过系统的学习，我对党有了一个更加直观的认识。

人无精神则不立，国无精神则不强。三周前，我作为团总支副书记在国旗下讲话，分享中国共产党在长期革命斗争中所形成的优良传统与作风的结晶——延安精神；两周前，我与同学一起分享红船精神、长征精神、延安精神这三大精神，又以朗诵的形式，用一首诗歌赞美党，歌颂党的功绩。在课余时间，我仔细阅读了校团委所赠的《习近平与大学生朋友们》一书，此书讲述了习近平总书记与大学生们交流交心的故事，真实记录了他对青年始终如一的关注、关心与关爱。在书中，我阅读到有关党的历史以及习近平总书记对党史的理解与实践，这有助于引导我树立马克思主义的坚定信仰，加强党性锤炼，提高党性修养、政治理论素养与实践水平。

我们党是中国工人阶级的先锋队，以实现共产主义的社会制度为终极目标，以马克思列宁主义、毛泽东思想、邓小平理论、"三个代表"重要思想为行动指南，是全心全意为人民服务的党。这是我学习党史后，对党最直观的认识，我认识到党以密切联系人民群众为荣，以脱离人民群众为耻，他们愿意为中国的进步奉献终身，先辈们也给予我努力向他们看齐的动力。

革命先辈用鲜血为我们创造的新时代，所以我们要学习并发扬革命先辈们的思想和精神，努力学习和吸收党史文化，未来的路也许会有些艰难，所肩负的职责也许会很重，但这正体现了自身所具有的价值，作为新时代的青年，我们要结合新时代新任务新实践，在建设社会主义现代化道路上艰苦奋斗，奋勇前进，做到忠诚、有担当，永远不忘初心，牢记使命，走好我们这一代人的长征路！

思·悟·得

李佳泽

在党史学习教育动员大会上,习近平总书记首次公开提出"树立正确党史观"的重要论述,体现了坚持用唯物史观来认识历史,把握党史发展主题主线、主流本质的立场观点方法。作为一名党员发展对象,我要深刻认识学好党史的重大意义,学思践悟,做到学而思、思而悟、悟而得。

一、在"学"有所"思"中读懂党的理论

"我们党的历史,就是一部不断推进马克思主义中国化的历史,就是一部不断推进理论创新、进行理论创造的历史"。要读懂党史,就要学史明理,就要边学边思。党的理论是立足异常艰苦的中国革命和发展实践,从思想路线的高度总结党的历史经验,不断摸索创造出来的。从建党初期马克思主义星星之火开始点燃,到革命战争时期党逐步强化思想理论建设,形成发展出了毛泽东思想,为实现全民族抗战并取得中国革命胜利提供了有力的理论保证。在"摸着石头过河"的新中国建设时期,通过对中国特色社会主义建设经验的不断总结,又形成了邓小平理论,实现了中国历史的伟大转折,从此党带领全国人民飞跃进入了新时代。可以说,党的历史就是马克思主义中国化的实践史,党的历史与党的理论相辅相成、互为表里,只有在学习中深层次地思考,才是真读党史,才能读懂党史。

二、在"思"有所"悟"中勇攀新的高峰

刘少奇曾提出,"中国共产党的胜利和失败,中国共产党的前进与后退,代表着中国历史的前进与后退"。"认真回顾走过的路"是为了"继续走好前行的路",习近平总书记在建党百年之际把党史学习提升为"党的政治生活中的一件大事",正是立足新的历史起点,立足"两个大局"做出的重要工作部署。历史前进是必然的,中华民族的伟大复兴也是必然的,党史学习必须是"把党和国家各项事业继续推向前进的必修课"。要通过党的发展历程分析历史的演变规律,循着历史脉络理清悟透党的理论和思想,深刻理解和把握党的领导的必然性、科学性、先进性,用真理的力量加强和巩固党的

建设。要持续用辩证唯物主义和历史唯物主义观点来分析新问题、研判新动向，用理论武装推动党的事业走向新的高峰。

三、在"悟"有所"得"中提升实践能力

习近平总书记曾指出，"领导干部不管处在哪个层次和岗位，都应该读点历史，从中汲取有益于加强修养、做好工作的智慧和营养，不断提高认识能力和精神境界，不断提升领导工作水平"。不断学习和总结历史，借鉴和运用宝贵的历史经验，是我们党始终倡导和保持的优良传统，也是全党开展工作的重要思路和方法。党员发展对象也应是如此，面对严峻的风险挑战、面对隐蔽的诱惑迷障、多元的发展需求，历史中的宝贵经验更是克敌制胜的一大法宝。必须把牢"党史观"，读史明智、知古鉴今，严防实践中的各种倾向性错误，以历史思维引导战略思维，以辩证思维守住底线思维。必须要提振精气神，学先进、亮底色，拿出非凡的智慧和勇气，把学习成效转化为工作动力和成效，为群众办好实事、解好难题。

以史鉴今 以史砺今

欧智苑

2021年是中国共产党建立100周年。2月20日,在党中央召开的党史学习教育动员大会中,习近平总书记发表重要讲话指出,我们党的一百年,是矢志践行初心使命的一百年,是筚路蓝缕奠基立业的一百年,是创造辉煌开辟未来的一百年。回望过往的奋斗路,眺望前方的奋进路,我们必须把党的历史学习好、总结好,把党的成功经验传承好、发扬好。

一、学会感恩生活,珍惜当下

翻开厚重的百年党史画卷,我们可以从中深深地感受到今天的幸福生活来之不易。1921年建党至中华人民共和国成立,中国共产党为了中华民族的解放而艰苦斗争,千千万万的英雄儿女在革命斗争中抛头颅、洒热血,为了革命献出自己宝贵的生命;中华人民共和国成立以后,中国共产党带领全国人民聚精会神搞建设、一心一意谋发展,实现了经济社会的全面、协调、可持续发展,成就了如今和平安定、繁荣昌盛的中国。我们要感恩革命先烈们的付出,感恩为中华民族的解放和强大做出贡献的仁人志士们,同时也要珍惜当下,更加积极地生活。

二、坚定理想信念,不忘初心

历史是最好的教科书,共产党人时刻为党、为国家、为人民的初心,全心全意为人民服务的品质在时间的洗涤中熠熠生辉,光彩夺目。我们要以实际行动去学习党的历史,于党史中感悟初心、践行初心、坚守初心,继承和发扬党的光荣革命传统以及优良作风,不断提高党性修养,严格要求自己,坚定走中国特色社会主义道路的信念。

三、汲取奋斗力量,砥砺前行

一代又一代共产党人发扬不怕牺牲、艰苦奋斗、改革创新、勇往直前的担当精神,为我们党积累了宝贵的精神遗产。身为新时代青年学子的我们要传承红色精神,时刻不忘知党史,把深入学习领会习近平新时代中国特色社会主义思想摆在首位,在学习中汲取开拓前进的智慧和力量,不断提高自身的综合素质,时刻用党员的标准严格要求自己,开拓创新、与时俱进,为祖国未来的建设发展贡献出属于自己的一分力量。

习近平总书记说过:"每一代青年都有自己的际遇和机缘,都要在自己所处的时代条件下谋划人生、创造历史。"作为新时代的青年大学生,我们要主动学党史、传承和弘扬革命先烈们的精神,践行青年学子的初心使命,勇担社会责任,彰显青年担当,立志做党的光荣传统和优良作风的忠实传人,以青春的力量和行动向建党百年献礼。

为什么要学好"四史"

洪诗慧

这周我在"学习强国"微信公众号上读到一篇文章《习近平：学好"四史"永葆初心、永担使命》，这个"四史"是指党史、国史、改革开放史、社会主义发展史。

文章中讲到要深入开展党史、新中国史、改革开放史、社会主义发展史教育，深入开展西藏地方和祖国关系史教育，引导各族群众树立正确的国家观、历史观、民族观、文化观、宗教观。要重视加强学校思想政治教育，把爱国主义精神贯穿各级各类学校教育全过程，把爱我中华的种子埋入每个青少年的心灵深处。要培育和践行社会主义核心价值观，不断增强各族群众对伟大祖国、中华民族、中华文化、中国共产党、中国特色社会主义的认同。

历史是最好的教科书，是党员干部的一门必修课。学习"四史"是为了了解历史事实、理清历史脉络、把握历史规律、得出历史结论。要通过学习"四史"，在思想上弄清楚、理解透中国共产党为什么"能"、马克思主义为什么"行"、中国特色社会主义为什么"好"。历史表明，我们党之所以历经磨难而不衰、千锤百炼更坚强，就是因为我们拥有强大的中国精神，这是我们独特的政治优点。

作为当代大学生，我们要着力讲好党的故事、革命的故事、英雄的故事，厚植爱党、爱国、爱社会主义的情感，让红色基因、革命薪火代代传承。一切向前走，不忘记走过的路，不忘记走过的过去，不忘记为什么出发。我们努力学习新中国史、改革开放史、社会主义发展史，做到学史明理、学史增信、学史崇德、学史力行，做到学党史、悟思想、办实事、开新局。

我国工人阶级和广大劳动群众是国家的主人，在这里我也更加懂得要加强政治理论学习，加强党史、新中国史、改革开放史、社会主义发展史学习，自觉做中国特色社会主义的坚定信仰者、忠实实践者。

现在读大一的我作为"青马班"的一名成员，我会发扬优良传统，承担历史使命，把党和国家确定的奋斗目标作为自己的人生目标，以民族复兴为己任，自觉把人生理想、家庭幸福融入国家富强、民族复兴的伟业之中，做新时代的追梦人。

遍地哀鸿满城血　无非一念救苍生

凌靖怡

标题的这两句诗，出自毛泽东在重庆谈判时写的诗，是我在高中写议论文时，随手摘录当作文素材收集的。当时的我阅历不深，因此对素材的理解都只是停留在较浅的层次上，但是自从经历了 2020 年之后，我对我曾经收集的许多素材，有了更深的理解。这段时间，我也看了口碑很高的《觉醒年代》，突然发现这两句诗句恰如其分地点出了这部电视剧的精神要义。

43 集看下来，我觉得我曾经学过的党史再也不是平面的横竖撇捺点横折，而是立体的、有血有肉的人物，真切地感受到，原来历史书上简单排版的寥寥几句，竟是一个年代的前赴后继；原来我背过的每一个党史知识点，都是前辈们血汗打拼下来的；原来作为中国近代史的转折点的"五四"运动，竟是那么声势浩大，真的有那么一群人将生死置之度外，心系国家而奋斗终生。

那个觉醒年代，那个冲破迷雾奋力寻路的年代，100 多年前的青年，阵阵高呼，高举着旗帜，脚下的每一步都在拓宽中国的出路。在剧中看到的游行镜头，让我恍惚间想起了我有幸参与学校"青马小组"的朗诵节目，虽然我只是群演的一员，扮演游行示威的青年，但是我知道这段历史的坎坷。"五四"运动就如同一道闪电照亮了中国历史的苍穹，"黑云压城城欲摧，甲光向日金鳞开"，他们的呐喊，他们的呼声，就如同阵阵雷声般响彻人们心间，穿越了年代，冲溃了思想的禁锢，是一场伟大思想解放运动，其中的爱国、进步、科学、民族精神即使历经百年，也仍然是风华正茂。

在最后一集的时候，弹幕上飘过许多"希望能有续集"的言语，其实，我们现在的幸福生活就是续集。就像陈独秀的次子陈乔年在就义时所说的："让我们的子孙后代享受前人披荆斩棘的幸福吧！"我们无数的先辈用他们的生命铺出了一条血路，让中国人民走上一条通往光明的大道。

其实不只是那个年代的有志之士在觉醒，作为当代的青年，更应该觉醒，应当摆脱浮躁与焦虑，在时代里逆流而自立，学习党史其实并不是任务，是我们青年当用心去体会的一段岁月。

学习党史如同明灯照亮我们前进的道路，以史为鉴可以知兴替，可以明智,可以明白前人的精神之内涵,认识到马克思主义对于当时水深火热处境之中国的意义非凡,可以在社会主义思想的浸润下探索新的道路。在我们党勇夺革命胜利、积极探索改革奋进的每个时期,每位共产党人都怀着崇高的信仰与坚定的担当,激励着一代又一代的人,学习优秀党史,争做新时代担当民族复兴大任的青年正是我们的使命。

我们作为新时代的大学生,应当学好党史,方能接过担当民族复兴大任的火炬,不负青春韶华。

回顾党史牢记使命　继往开来不忘初心

张晋基

在 2021 年 5 月 17 日早晨，师姐在国旗下演讲——"我的传家宝：延安精神"，听见她在宣讲中的熟悉的字眼，以及历历在目的红色革命根据地，最为主要的是，了解到延安精神的伟大以及历史价值十分重大之后，我深有感触，利用了课余时间在学习党史的同时，着重地阅读了关于延安精神的历史背景和故事脉络，体悟了它的精神内涵。并且我也将之前学习的红船精神、井冈山精神、长征精神紧密联系起来，在我的学习生活中贯彻运用。

中国共产党自 1921 年成立至今，走过了整整 100 年坎坷而光辉的道路，从一个只有 50 多人的党组织发展到如今有 9000 多万党员的世界人数最多的政党。近段时间，通过对有关党史书籍的学习，我更加深刻地认识党，进一步坚定了永远跟党走的决心。

学习党的历史，了解过去才能看清前进的方向。通过学习党史，我认为我们应该做到"两个牢记"。一是牢记党的理想信念，始终不忘党的最终目标。理想信念简单地说就是人们对未来的向往和追求。对于我们共产党人来说，为建设有中国特色的社会主义而奋斗，为将来最终实现共产主义而奋斗，这就是我们的理想信念。二是牢记党的历史经验，永远传承优良传统。历史是一本严肃的教科书，我们的党史，正是一部描述中华民族走出劫难、挺起脊梁的鲜活教材。党史记录着新中国从无到有、从小到大、从弱到强、从一个胜利走向另一个胜利。中国共产党带领人民创造了一个又一个辉煌、一个又一个奇迹，这其中的经验和智慧无不凝结于党的历史。同时，我深刻地体会到我党的政权是从枪杆子中得来的。南昌起义、秋收起义、广州起义等一系列的武装发动，在动乱的年代为人民开路，爱国战士不怕牺牲，抛头颅洒热血。

在新时代，中国正以前所未有的速度向世界证明，中国共产党会带领全国各族人民，以长远战略为计，以远大目标为航，在今后的百年谱写更加辉煌的奇迹，最终实现中华民族伟大复兴的中国梦。

中国有梦 青春无悔

李进贤

一个国家的进步，镌刻着青年的足迹；一个民族的未来，寄望于青春的力量。青年是国家的未来和民族的希望。

习近平总书记始终关心、关怀青年成长、发展，高度重视青年工作。在与大学生朋友们交往、交流、交心中，言传身教、循循善诱，为广大青年树立了学习榜样，同时也为青年一代健康成长指明了正确道路。一是坚定理想信念。我们要树立与时代主题同心同向的理想信念，勇于担当时代赋予的历史责任。二是厚植人民情怀。人民立场是我们党的根本立场，习近平总书记对人民群众饱含深情。做好新时代青年工作，我们也要从青年所思、所忧、所盼出发，做好青年朋友的知心人、青年工作的热心人、青年群众的引路人。三是矢志艰苦奋斗。习近平总书记提倡年轻人要"自找苦吃"，机关年轻干部，特别是刚走出"象牙塔"的"三门"干部，需要多到基层去磨炼、去"接地气"、去"自找苦吃"，在实践中锻炼，提高分析问题和解决问题的能力。

新时代青年要把不懈追求的美好梦想，始终与振兴中华的历史进程紧密相连。习近平总书记鲜明指出，"为实现中华民族伟大复兴的中国梦而奋斗，是中国青年运动的时代主题"。我们青年要积极响应号召，义无反顾地投身于中华民族伟大复兴当中。

中国有梦，青春无悔。"把自己的梦和祖国的伟大事业联系在一起，将奋斗的平台放在祖国伟大事业上，才能成就你们的理想。"习近平总书记循循善诱的话语，令广大青年学子收获了关于青春的更多思考。祖国养育我们，我们将以实际行动回馈祖国。

青年的价值取向决定了未来整个社会的价值取向。一个民族的文明进步，一个国家的发展壮大，需要很多力量来推动，社会主义核心价值观是其中最持久最深沉的力量。当代青年要接过历史的接力棒起跑、冲刺，向着目标奔跑，尽是青春的模样。我们要书写不愧于时代、不愧于人民的青春之歌。

信念

陈慧珊

  观看党史教育宣传片《初心李大钊——播火》，革命先辈李大钊与封建统治思想和统治阶级作坚决斗争的勇气让人震惊赞叹，为中国社会进步所付出的不懈努力和巨大牺牲让人由衷佩服。

  对革命历史追根溯源，李大钊是不可忽略的红色播火者。李大钊同志在其短暂的一生中，致力于在中国传播马克思主义，为中国共产党的建立、巩固与发展，为民族独立、人民解放、国家富强和人民幸福，做出了杰出贡献。"崇尚英雄才会产生英雄，争做英雄才能英雄辈出。"李大钊同志甘为革命抛头颅洒热血的英雄精神，必将永载史册、历久弥新。

  李大钊同志用自己短暂的生命，在中国革命史上谱写了壮丽的篇章。在李大钊同志等革命先烈为之献身的道路上，中国共产党领导中国人民勇往直前，历经百年的艰苦奋斗，创造了亘古未有的历史伟业。如今，一个面向现代化、面向世界、面向未来的社会主义中国巍然屹立在世界东方。面对党和人民事业取得的辉煌成就，展望中国发展的美好前景，我们永远铭记那些为民族独立、人民解放做出不朽贡献的革命先烈。

  中华人民共和国在中国共产党的领导下，经过全国各族人民团结奋进英勇拼搏，综合国力日趋强大，取得令世界为之赞叹的伟大成就。2021年以来，国外新冠肺炎疫情仍在肆虐，世界风云变幻，祖国祥和安宁，国内风景独好。强大的祖国，需要我们每一位中华儿女提高自身素质，做出自己应有的贡献。

  而今天，我们作为社会主义的接班人、祖国的未来。为了信念，李大钊可以献出生命，放弃一切。纵观现在，有些年轻人做事总是半途而废，精神不振，就是缺少这种信念！为信念而坚守，新时代的青年要从李大钊等革命先辈身上汲取精神力量，树立信念，坚守信念，好好学习，为社会、人民做出更多贡献。

勇于担当　奋力前进

江佳琦

2021年是我党历史上极不普通也极不平凡的一年，它是中国共产党建立的一百年。翻阅百年党史可以看见，我党是在血与火的道路上一路走来的。近来中央号召全党学习党史、国史，这具有重大意义。

100年前，中国共产党以马克思主义为指导，在残酷的环境中创立，从诞生起便历经磨难，千千万万的革命英雄不顾一切献出自己珍贵的生命，奋不顾身地呼唤起群众，始终坚守一切从人民的利益出发。坚持相信群众，坚持从群众中来到群众中去的工作路线，不断加强党的自身建设。

党的十八大以来，我党开展了"不忘初心、牢记使命"的专题教育，举行了党史学习教育，这都是为了让人们牢记初心，坚持以马克思主义理论为指导，提高广大党员的觉悟与积极性，学会用马克思主义的思想看问题、解决问题，让党的建设变得更为强大。

就在2020年，新冠肺炎疫情暴发，习近平总书记亲自部署、亲自指挥，为人民群众抗击疫情坚定了信心。面对疫情，以习近平同志为核心的党中央始终把人们的健康安全放在第一位，以人民为中心，积极应对，向全世界展现了我们中国的精神与力量。

通过近段时间以来党史的学习，一向爱追剧的我也看到了近期热播的高分剧《觉醒年代》，我怀着激动昂扬的心情看完了这部电视剧，收获巨大。青年兴则国兴，青年强则国强。一个时代有一个时代的主题，一代人有一代人的思想与使命。要想让党的事业自强不息，需要一代又一代人坚定的理想与信念，不忘初心，牢记使命，勇敢地肩负起历史使命，无私奉献。

每一代人的幸福都只能靠自己去创造，每一代人都应该肩负起社会给予我们的责任，不管是在多么艰苦的条件下，都能够勇于担当，忠诚于党的初心和使命。作为新时代青年更应怀着先辈们的爱国之心奋力前行！

知党爱党　永跟党走

林凯丽

阅读完《中国共产党简史》这本书，让我深受教育、深受启发。它记录着近代中国从弱到强；记录着我们中国一步步走向胜利的过程；记录着中国共产党带领全国人民创造了一个个辉煌和奇迹的经验与智慧。

百年恰是风华正茂，百年仍需风雨兼程。1921年中国共产党的成立，是中国历史上开天辟地的大事件，从此，中国人民站起来了。从建党的开天辟地到中华人民共和国成立的改天换地，中国共产党走过万水千山，创造了一个个辉煌和奇迹。历史是一面镜子，它照亮现实，照亮未来。学习党史，了解过去才能够看清前进道路的方向。我们要牢记党的理想信念，始终不忘党的最终目标，为建设中国特色社会主义道路而奋斗。理想信念是共产党人的精神动力和理想源泉。

没有中国共产党就没有新中国。在改革开放不断发展的今天，我们说，没有中国共产党就没有和谐发展的中国。面对滚滚前行的历史车轮，这使我更加坚定理想信念，尊重历史、立足眼前、放眼未来。只有坚定走建设中国特色社会主义道路，才能发展中国，才能实现中华民族的伟大复兴。

当前，我们正处在全面建成小康社会、加快推进社会主义建设的新阶段。经过党史的学习，让我更加深刻地了解党，更加热爱党，更加坚定跟党走！我作为一名共青团员、一名入党积极分子，更应该牢记习近平总书记在党的十九大报告中提出的："广大青年要坚定理想信念，志存高远，脚踏实地，勇做时代的弄潮儿，在实现中国梦的生动实践中放飞青春梦想，在为人民利益的不懈奋斗中书写人生华章。"

我作为一名入党积极分子，作为中国共产主义青年团团员，在今后的生活和学习中，会努力认真学习专业知识，同时自觉地提高自己的专业素养，为自己将来走上工作岗位打下坚实的基础，自觉学习习近平新时代中国特色社会主义理论体系等理论知识，提高自己的思想道德素质，使自己能够在各方面都得到进步，为能成为有道德、有文化、有纪律的共产主义接班人而努力！

牢记百年党史　不忘初心使命

严诗婷

在党史学习过程中，我仔细阅读了《中国共产党简史》一书。轻抚《中国共产党简史》一书的封面，感受到的是用鲜血、汗水、泪水、勇气、智慧、力量写就的百年；轻吟书里的每一行字，感受到的是苦难中铸就辉煌、挫折后毅然奋起、探索中收获成功、失误后拨乱反正、转折中开创新局、奋斗后赢得未来的百年。

百年党史，我读出了"为有牺牲多壮志，敢教日月换新天"的豪情与壮志。有些历史性时刻，只有跨过百年，回眸时才显得如此波澜壮阔。1921年7月23日浙江嘉兴南湖上红船激起的涟漪，伴随着人民的期盼不断前进。中国共产党自诞生之日起，便将个人利益抛在脑后，将人民重托记在心里，将民族希望扛在肩上。

百年党史，我读出了"敌军围困万千重，我自岿然不动"的胆量与气魄。帝国主义亡我之心一直不死。中华人民共和国成立初期，民生凋敝，西南匪患未除，东北战乱又起。我们抗美援朝，保家卫国。抗美援朝战争打出了新中国的军威国威，打出了新中国的国际地位，打出了中国人民的民族自信心和民族自豪感，从此"西方侵略者几百年来只要在东方一个海岸上架起几尊大炮就可霸占中国的时代一去不复返"。

百年党史，我读出了"雄关漫道真如铁，而今迈步从头越"的从容与豪迈。"伟大的事业之所以伟大，因为这种事业不是一帆风顺的。"在一个经济文化落后的国家里，探索中国自己的社会主义建设道路，是一件极不容易的事情。我们有过失误，有过惨痛的教训，遭受过重大的挫折。新中国探索出了自己的社会主义建设道路，成功开创了中国特色社会主义。这一时期，我国经济高速发展，人民幸福指数逐年攀升，我们富起来了。

百年党史，我读出了"我将无我，不负人民"的精神与境界。党的十八大以来，以习近平同志为核心的党中央团结带领全党全国各族人民攻坚克难，经济高速发展，社会长期稳定，脱贫攻坚成果举世瞩目，科技成果层出不穷，美丽中国建设迈上新台阶，国防和军队现代化步入新发展。庚子疫情，广大党员用实际行动践行着"随时准备为党和人民牺牲一切"的入党誓言，党旗所指，亿万人民并肩站立。我们用实际行动证明，没有中国共产党就没有新中国，就没有中国特色社会主义，就没有中华民族的伟大复兴。

学党史 守初心 悟担当

连蕊婷

　　学史明理、学史增信、学史崇德、学史力行。今年是中国共产党成立的100周年华诞，我们更加应该回顾党史，学习党史，是党的艰苦奋斗给我们带来了美好生活，我们要在党的奋进历史中积淀中国智慧，在民族复兴伟业中成就民族未来。

　　百年党史是心系群众、造福群众的历史。"欲知大道，必先知史。"在这100年的非凡奋斗历程中，少不了一代又一代的英雄人物顽强拼搏、不懈奋斗，他们默默奉献的精神信念坚如磐石，但他们也都不是生来勇敢，他们也是在人生进程中成长起来的。

　　焦裕禄的心里装着全体人民，有着爱国爱民的精神；雷锋的全心全意为人民服务，有着默默付出不求回报的精神；龚全珍的在贫苦山区献身教育事业，有着无私奉献的精神……这些英模人物的先进事迹都在强烈地鼓舞和激励着我，为我们树立了一个优秀的榜样。

　　一部党史既是中国共产党百年奋斗的历史，也是一部生动的爱国主义教材。我们要在学习党史中坚守初心。历史是最好的教科书，是我们每个人的一门必修课，更是中华民族顽强生命力和凝聚力的重要体现。我们从党史中感悟初心使命、汲取精神力量，通过对党史的学习研究，增强思想自觉和行动自觉思想，进一步坚定理想信念，走好新时代的长征路。

　　思想的光芒，照亮一个民族，产生影响世界的力量。作为新时代青年的我们是无比幸福的一代，又是责任重大的一代。我们无比幸运，是因为我们祖国发展的巨大成就为青年成长进步创造了好的条件。努力学习党史，拥党、立志、向党是我们青年大学生必须做到的。我们在党的领导下过上了幸福的生活，我们要拥护党，努力学习、工作，为共产主义事业而奋斗，与一切反党反人民的行为做斗争。

　　在这个飞速发展的社会里，我们青年人必须树立正确的科学的奋斗目标，并为实现目标而进取努力。作为新时代的青年，我们应勤奋学习，锻炼身心，我们应志存高远，忠于祖国，我们应肩负起建设祖国、保卫祖国的重任，同时要有坚定的立场和正确的思想认识。我们平时不仅要努力学习文化知识，还要加强身体素质的锻炼，做一个爱党爱国的青年大学生。同时我们当代青年要树立远大梦想。只有树立了远大的梦想，才有源源不竭的动力。

历史是最好的教科书。我们学习党史，是为了滋养初心，感悟责任担当，汲取奋进力量。我们要始终保持蓬勃朝气、昂扬斗志，为国家贡献自己的一分力量！

初心不改　信仰坚定

许浚林

当今新时代中国青年应该积极学习中国共产党党史，体会"学史明理、学史增信、学史崇德、学史力行"的内涵，做到"知史爱党、知史爱国、知史爱社会主义"，在学习领悟中坚定理想信念，在奋发有为中践行初心使命。看完《中国共产党简史》一书后我更加深刻地意识到学习好中国共产党党史是当今时代的必然要求，也是响应时代号召的必然选择。

中国共产党为什么能成功？我们可以从这个党的理论指导上去寻找答案。党的十九大报告指出：中国共产党人的初心和使命，就是为中国人民谋幸福，为中华民族谋复兴。中国共产党的一个最大的特点也是书中反复强调的一点，那就是始终初心不改，信仰坚定。这个初心体现在理论指导上，始终奉行马克思主义理论，始终坚定对相关领导人的信仰，始终为人民服务。对于马克思主义理论，书中更有详细的介绍，让我受益匪浅的是我党在坚持马克思主义的同时也不断探索属于我们中国的"马克思主义"，也正是我们常说的中国特色社会主义，这又是党取得的一大历史性成就。

中国共产党100年的历史征程是一部不忘初心、牢记使命的不懈奋斗史，我们党从小到大，由弱到强，在腥风血雨中，能够一次又一次地绝境重生，在攻坚克难中，能够不断从胜利走向胜利，根本原因是，不管是处于顺境还是处于逆境，我党始终坚守为中国人民谋幸福、为中华民族谋复兴的初心使命。这100年来，我们党进行的一切奋斗，归根结底都是为了实现好、维护好、发展好最广大人民群众的利益。

最让我印象深刻的是党带领人民进行的几次斗争：一是完成新民主主义革命，赢得民族独立，人民解放；二是完成社会主义革命，进行社会主义建设，确立了社会主义基本制度；三是进行改革开放新的伟大革命，开创、坚持、发展了中国特色社会主义；四是进行全国甚至全世界的抗疫斗争，最大限度地挽救了成千上万条生命，挽救了成千上万个家庭。理论和事实、历史和现实都充分证明，我们党带领人民取得巨大成就，我们党始终走在时代前列。

初心不改　信仰坚定

　　党史学习不仅让我更加详细、系统地了解了中国共产党党史，更让我学到了很多受用一生的知识。"不忘初心，牢记使命，在坚守本心的基础上进行创新探索"。当今新时代青年更应当紧随党的脚步，高举马克思主义伟大旗帜，为社会建设改革和新时代伟大实践做出贡献。

英雄的精神　青年的灯塔

范嘉斌

无数的革命先烈用鲜血和生命诠释了中国共产党的初心和使命，他们英勇顽强、视死如归的英雄形象激励着一代又一代中国共产党人汲取力量，奋勇前行。

习近平总书记指出，在一百年的非凡奋斗历程中，一代又一代中国共产党人顽强拼搏、不懈奋斗，涌现了一大批视死如归的革命烈士、一大批顽强奋斗的英雄人物、一大批忘我奉献的先进模范，形成了一系列伟大精神，构筑起了中国共产党人的精神谱系，为我们立党兴党强党提供了丰厚滋养。要教育引导全党大力发扬红色传统、传承红色基因，赓续共产党人精神血脉，始终保持革命者的大无畏奋斗精神，鼓起迈进新征程、奋进新时代的精气神。

在河北省隆化县北郊，长眠着模范共产党员、全国著名战斗英雄董存瑞的英灵。在苍松翠柏中，矗立着一座雄伟的纪念碑，碑上铭刻着朱德总司令的题词："舍身为国，永垂不朽！"

1948年5月25日，董存瑞任爆破组组长，担负攻击国民党守军防御重点隆化中学的任务。他带领战友接连炸毁4座炮楼、5座碉堡，胜利完成了规定的任务。连队随即发起冲锋，突然遭敌一座隐蔽的桥型暗堡猛烈火力的封锁。部队受阻于开阔地带，二班、四班接连两次对暗堡爆破均未成功。董存瑞挺身而出，向连长请战："我是共产党员，请准许我去！"毅然抱起炸药包，冲向暗堡，前进时左腿负伤，顽强坚持冲至桥下。由于桥型暗堡距地面超过身高，两头桥台又无法放置炸药包。危急关头，他毅然地用左手托起炸药包，右手拉燃导火索，高喊："为了新中国，冲啊！"碉堡被炸毁，董存瑞以自己的生命为部队开辟了前进的道路，此时，他年仅19岁。

董存瑞是模范共产党员、全国著名战斗英雄，他手举炸药包舍身为国的英雄壮举，成为永不熄灭的精神火炬，为我们竖起一座永远的历史丰碑。在这座丰碑上我们要学习董存瑞敢于担当的品质。

不同的时代造就不同的英雄，但他们的精神中有一个共同点，那便是敢于担当。敢于担当就是为了党和群众的利益，不计个人得失、不避个人风险，特别是在面对重大考验时，我们要像董存瑞烈士那样自觉承担起对党、对国家、对事业的责任和使命，挺身而出、勇于攻坚，以实际行动彰显价值。

传承红色基因　创造美好未来

钟志康

学党史，传承红色基因，有助于我们凝聚磅礴的精神伟力，不忘初心、敢于奋斗、抓住机遇，开启新征程，以优异成绩迎接建党100周年。

读完这饱含深刻意义的党史，知道党的思想是博大精深、实践是永无止境的。其次就是要更加努力学习科学文化知识，多方面充实自己，然后全身心投入社会主义现代化建设，全心全意为人民服务，全心全意为党服务。学习党史，让我更加深刻地认识了党，以及明确自己的奋斗目标，即永远跟党走的决心。

中国共产党在民不聊生、破败不堪的旧中国诞生，它是不容易的，历程更是艰辛万苦的。它经历了战火的洗礼和历史的考验，其凝聚着无数革命党人的智慧和力量。不管是在千疮百孔、落魄不堪的环境，还是祖国处于太平盛世国家昌盛阶段，指引中国前进的始终是中国共产党。从成立之初的艰难考验，到十一届三中全会以来在邓小平同志倡导下把马列主义的基本原理与当代中国社会主义建设的实践相结合逐步形成了有中国特色的社会主义理论体系，开创了社会主义事业发展的新时期。

100年来，中国在中国共产党的英明正确的领导下发生了翻天覆地的变化，虽然在这漫长的岁月里，中国共产党遇到过各种艰难险阻，但却一次又一次地转危为安，这与中国共产党的正确领导是分不开的，没有共产党就没有现在的国富民强。

党史，那一段血雨腥风的历史，那一段苦难与辉煌并存的历史，那一段刻骨铭心的让人难眠的历史，给了我深刻的启示。在中国共产党刚刚成立时，有多少人相信这小小的政党能够带领中国人民走向美好的未来；又有多少人相信，那支在崇高峻岭、雪山草地中长征的疲弱又顽强的队伍，能够背负着这个世界最大国家和民族复兴的全部希望，可是，就是凭着百折不挠的精神，这一切成为可能。有这样英明的中国共产党领导中国，我坚信，祖国会越来越富强。

作为一名当代大学生，我们应该铭记历史，更应该拼搏现在，展望美好的未来，为了实现中华民族伟大复兴的历史使命尽自己的一份绵薄之力，

"少年智则国智,少年强则国强。"作为一名预备党员,我更严格要求自己,以优秀党员为学习榜样,不断地改造自己,完善自己,从行为上,更从思想上改造自己,积极向党组织靠拢。

因此,我们首先要做的就是要学习好科学文化知识,开拓视野,不断增强自己的实力,争做一个对社会对国家对人民有用的人;其次要深入学习马克思列宁主义、毛泽东思想、邓小平理论、"三个代表"重要思想、科学发展观以及习近平新时代中国特色社会主义思想,学习党的路线和方针政策,努力提高党性修养,开拓创新,积极上进;从身边的小事做起,严格要求自己,努力创造美好未来。

党史伴我行

吴诗婷

党史如明灯，照亮前行之路、激发奋进之力。通过阅读《中国共产党简史》，我更加铭记历史、坚定信念、努力奋斗。回顾党100年来的奋斗历程，中国共产党团结带领中国人民实现了从站起来到富起来再到强起来的伟大跨越。

总的来说，"学党史"，要在"学"上下功夫。1921年至2021年跨越了100年，年代不停地更迭，虽然我们从小就学历史课程，我们是爱国敬党的，但时代久远了，人们心中的信念没有以前先辈们的那么坚定。我认为，学党史是十分必要的。

党史的字里行间，深刻回答着"我是谁、为了谁、依靠谁"。我们党之所以能赢得最广大人民的支持和拥护，就是因为党始终把人民利益放在最高位置，坚守为人民谋幸福的初心。张思德"为人民利益而牺牲"的大公无私，焦裕禄"心里装着全体人民、唯独没有他自己"的公仆精神，孔繁森"一腔热血洒高原"的默默付出，无数先辈们的无私奉献事迹，都值得我们当代人去学习的。

中国共产党是伟大的、光荣的、正确的党。最近我观看了《觉醒年代》电视剧，主要内容围绕早期中国共产党人奋斗的年代，人们的思想一步一步地觉醒。无数个救国的道路都走不通，于是中国共产党在1921年成立了，给中国带来了希望的曙光。我不禁赞叹，中国共产党员的坚定意志，无数次在威胁生命的面前还是选择维护国家，绝不透密，无私奉献的精神，让我深深敬佩。

学习党史，是一场唤醒红色基因、坚定理想信念的精神磨砺。每一个令人泪下的感人故事，每一段充满艰辛的奋斗历程，都在告诉我们：共产党人对中国特色社会主义和共产主义的信念、对党和人民的忠诚。

阅读《中国共产党简史》，我深刻认识到中国共产党为什么能、马克思主义为什么行、中国特色社会主义为什么好。新时代的长征路，更需要我们坚定理想信念、矢志拼搏奋斗。我目前已经是一名预备党员，我将以党史学习教育为契机，传承红色基因，积蓄奋斗力量，积极为群众办实事，自觉争当表率；主动找差距、补短板、强弱项，用行动践行初心使命，努力成为一名光荣的共产党员。

态度·悟透·效果

李芷欣

历史是最好的教科书。中国共产党的 100 年历史是一部波澜壮阔的革命史、一部艰苦卓绝的斗争史、一部开天辟地的发展史。习近平总书记在党史教育动员大会上强调，全党同志要做到学史明理、学史明理、学史崇德、学史力行，学党史、悟思想、办实事、开新局。学习党史不是为了从成功中寻求慰藉，而是为了总结历史经验、把握历史规律，增强开拓前进的勇气和力量。

党史学习教育，态度是基础。我们应该发挥主体作用，思想上统一认识，情感上高度认同，坚决杜绝走过场、搞形式。在进行党史学习时，要落实好党的方针政策，以"三会一课"、组织生活会、主题党日活动等为主要内容，以集中学习、自主学习、交流研讨、现场教育为主要形式，以视频、讲座、参观红色基地等为主要载体来进行学习。在学习党史的过程中我们要确保自己全身心投入其中。

党史学习教育，悟透是关键。深入学习党史，增强"四个意识"、坚定"四个自信"、做到"两个维护"。在进行党史学习时我们要做到以下几点：必须坚持全面准确，坚持读原著、学原文、悟原理、做到学深悟透，努力做到学思用贯通、知信行统一；掌握马克思主义基本立场和观点方法，认真学习感悟党史；坚持爱国和爱党、爱社会主义高度统一；践行社会主义核心价值观，培养群众观点和人民立场；开展劳动教育和艰苦奋斗教育；掌握业务知识、科技知识、实用技术和专业技能，提高自身综合素质、增强服务本领。在党史学习的过程中自己的思想得到不断提升。

党史学习教育，效果是目标。党的百年奋斗历程里形成了许多伟大的精神，比如红船精神、长征精神、延安精神、"两弹一星"精神、抗洪精神、抗震精神、抗疫精神……我们要继承和发扬党的优良传统，学以致用，用其指导新的实践，解决新的问题。

学党史，强信念，跟党走。学习党史是为了更好地迎接未来、走向未来，因此，我们要学有所为、学有所获，不断汲取历史的经验，在全面建设社会主义现代化国家新征程上取得更大的胜利。

一起 青年大学习

范诗林

2021年是建党100周年，是中国共产党自诞生以来意义非凡的一年，翻开建党百年历史，我了解到党当初成立的不易，其历程是艰苦曲折的，有无数的共产党员先辈用血肉去筑建一个纪律严明、一心为民的党。中国共产党始终以人民为中心，为了人民的幸福而奋斗，如今步入繁荣发展的中国，作为新时代的大学生，不可忘记历史。

在每周一次的青年大学习中，我能感受到共青团中央对于青年人的重视，在内容上用新颖的形式以解说和答题的方式吸引大家的注意力，每期的领学人都是优秀的，是值得大家学习的榜样，比如王冰冰、老番茄等。在青年大学习中我能感受到制作组的细心认真，在取景方面可谓是用心良苦，大部分片段都是从各个角度特写剪辑而成，不论近景还是远景都是清晰的。而共青团的"团子"也特别可爱地出现在页面上，十分可爱。在历史内容上，每一期的内容围绕党的艰难历程，涵盖的方面也特别多，有人、有物，每一个介绍的事物背后都会延伸出一段非凡的故事。在党史的学习中我更加清楚党成长的不易，我也了解到党从曾经的几十人发展到现在的九千多万人是多么不容易，我也明白党纪律的严明，在党史的学习中我不禁想继续向前辈们看齐。

2021年全国上下都在学习党史，学习党史的途径非常多，比如在广州，广州各个红色景点都会有志愿者，对展馆及红色故事进行解说；学校图书馆里出现一个特定红色展区，里面存放各类党史资料；学校举办党史学习的各类活动，情景剧、诗朗诵、舞蹈、手工作品……这都在潜移默化地影响着我，在了解到那么多红色的历史后，我越来越为祖国感到自豪，我对于能成长在这样的国家感到十分庆幸。

在党史或各个方面的影响下，我也希望成为党的一份子，希望能早日入党，成为一名光荣的中国共产党员，这能更好要求我、督促我变得更加优秀，能更好为人民做贡献。

传承红色基因　弘扬红色精神

许悦

学党史、强信念、跟党走。2021年是中国共产党建立100周年，百年党史生动地记载着岁月沧桑的巨变、征程的波澜壮阔、初心的历久弥新，蕴含着十分丰富的思想资源、实践智慧和精神力量。习近平总书记在清华大学考察时指出："广大青年要爱国爱民，从党史学习中激发信仰、获得启发、汲取力量，不断坚定'四个自信'，不断增强做中国人的志气、骨气、底气，树立为祖国、为人民永久奋斗及赤诚奉献的坚定理想。"新时代的青年应该积极踏寻先辈们的足迹。

在"五一"节放假期间，我曾到广东梅州曾国华将军的故居进行参观及学习。曾国华将军出生在玳瑁山下，是开国中将，他是我家乡唯一的将军，他的精神一直影响着我们、感染着我们，激励我们弘扬着红色革命精神、传承着红色基因。在将军故居的展厅，有导游在那儿介绍曾国华将军戎马一生、身经百战的英雄事迹及光辉历史。听着将军的革命历史、看着展厅里一幕幕浴血奋战的英雄记载，我们无不被将军血战沙场、九死一生，立下赫赫战功的革命精神而感动。

曾国华浩气长存，为人民解放、为民族独立不惜洒热血的赤诚情怀，是五华人"硬打硬"精神最好的诠释。其故居更是成为党史学习教育新阵地，越来越多的人们慕名前来，仰慕将军的革命风采，追寻革命先辈的足迹。将军光辉而峥嵘的革命岁月一直令人难以忘怀，在其故居一角，摆放了相关书籍，其中一本《曾国华传》频频被参观者阅读。行走在曾国华故居内，红色印记俯拾皆是，让人仿佛看到了曾国华将军当年英勇战斗的光辉身影。

参观完毕后，我们都受到了精神洗礼，深刻地体会到：要学习革命先辈坚定的理想信念、对党的事业无比忠诚的革命精神；要学习革命先辈不怕困难、顽强拼搏的革命精神；要学习革命先辈勤俭节约、艰苦奋斗的革命精神。我们要自觉按照党员标准规范言行，守初心、担使命、找差距、抓落实，在未来工作岗位上也要不忘教育初心，勇于担当作为，在工作学习和社会生活中起先锋模范作用，将来我们也要做新时代的"四有"好老师，服务国家、服务人民，为教育事业的发展奉献自己一分力量。

以生命践行信仰

杜嘉彤

1921年，小小红船从碧波荡漾的嘉兴南湖起航，遇急流而勇进、乘长风而破浪。2021年，昔日的小小红船已成长为引领中国行稳致远的巍巍巨轮。100年来，一代又一代人以热血浇灌理想，以生命践行信仰，换来了现如今的锦绣山河、人民的和平生活。

在建党100周年之际，我们重温历史，回顾那段战火纷飞的岁月，重新在历史中汲取力量。在清明节的假期，我前往中共中央至中央苏区秘密交通线汕头交通中站旧址陈列馆，这里曾以"华富电料行"作为掩护，是20世纪30年代中共中央至中央苏区秘密交通线的一个枢纽中转站。它担负了护送重要领导干部及运输军需、民用资料、重要情报等的重任，是汕头市十分珍贵的红色资源。汕头交通站作为中央红色交通线上重要的枢纽，由周恩来同志亲自部署，是唯一一条自始至终未遭敌毁、保持畅通的交通线。

前段时间在汕头小公园开机的电影《暴风》，正是以大革命时期汕头红色交通站真实历史为背景，讲述隐秘战线党组织与敌人斗智斗勇，用鲜血和生命换取胜利的故事，展现中国共产党人大无畏的革命精神和英雄气概。1930年，一条由上海—香港—汕头—大埔—青溪—永定，进入江西中央苏区的红色秘密交通线成功建立。汕头交通中站作为重要枢纽，成功护送了周恩来、叶剑英、邓小平、陈云等200多名中共党员和重要物资、文件情报经此进入中央苏区，为中共中央安全转移起到关键作用。

来到红色交通站旧址，一个个耳熟能详的英雄名字，一段段激情燃烧的革命历史，吸引着我驻足缅怀、感悟。作为潮汕革命战争史上浓墨重彩的一笔，红色交通线的故事一直为后人所津津乐道。透过明亮的陈列橱窗，老式的自行车、老熨斗、老桌子、老保险柜、电影放映机……无一不在提醒着人们这里曾经发生的一切。我们仿佛置身于那战火纷飞的岁月之中，被那些实物和图片深深震撼，被革命前辈对党忠诚、攻坚克难的精神深深鼓舞着。我们现在的幸福生活是多么地来之不易，它是我们老一辈革命家用自己的生命和鲜血换来的,所以我们要更加珍惜、爱惜它。

  周总理在少年时就说过:"要为中华之崛起而读书。"在如今的和平年代,我们不仅要刻苦读书,还要在自己的岗位上兢兢业业,做好自己本职。作为新时代的大学生的我会更加努力提高自身的能力和改善自身的不足,努力做一名对社会有贡献的人!

做一名坚定的青年马克思主义者

林梅娟

我第一次参加"青年马克思主义者培养工程"培训班讲座,感到讲座趣味性强,充分调动了我们的兴趣和热情,使我在欢乐中感觉到马克思主义的先进和伟大,更让我在思想政治方面获得了很大的进步。

为进一步提升学院青马班学员们的思想政治素质和党性修养,全校青马学员一同观看"学党史、强信念、跟党走"青马公开课。本次的视频学习中,让我更加深刻地认识到党史学习教育的重大意义,明白了学习党史要做到学史力行,自觉地把个人理想融入共产主义远大理想和中国特色社会主义共同理想,以实现中华民族伟大复兴为己任。我和"青马们"再次聚在一起,作为合唱比赛的特邀嘉宾深情演唱了《不忘初心》这首歌,历经半个多月的排练,我们懂得了如何团结合作,虽然大家牺牲了中午休息时间,但是都很积极。我们继续在学习党史中增强信念,永远跟党走,奋进新征程,努力成长为一名德智体美劳全面发展的社会主义建设者和接班人。

高尔基曾这样说过:"青春是有限的,智慧是无限的,以短暂的青春去学习无穷的智慧。"我们青年大学生担负着建设社会主义现代化的历史重任。所以,我们要树立远大的理想,不断开拓我们的视野,发扬"延安精神",做一名合格的青年马克思主义者。年轻是美好的,我们年轻,梦想永远背在肩上;我们年轻,快乐永远装在行囊。大学时代的我们,喜欢拼搏,喜欢奋斗,也喜欢游乐,喜欢三五朋友的欢聚。青年这个名词,就应该是这样的朝气和激昂。然而,谁虚度年华,青春就会退色,生命就会嫌弃他,我们更应该明白岁月如梭,光阴弥足珍贵。青年人有理想有抱负,就应该为之努力、为之付出。我们要不畏困难险阻,不畏艰难巨石,因为我们有颗年轻、拼搏的心,我们要满怀热忱,勇于承担发展重任,为祖国、为人民、为未来而奋斗!

党史教育学习,不仅加强了我们对马克思主义的学习,还拉近了我们青年的马克思主义思想。正是马克思主义精神,让我们欢聚在青马班,我们快乐地学习着、收获着。党史教育学习使我更加深入地理解马克思主义思想在中国的应用,也深刻理解我国国情及当今社会对我们青年一代的要求。我们要追求卓越的品质与激情,从各方面塑造自己,发挥先锋模范作用,努力成为优秀的青年马克思主义者,做新时代的接班人。

青马先行

李林珊

"青马班"是个充满意义的集体,也是个温暖的大家庭。这几个月的经历将会一直印在我的脑海里,陪我度过一年又一年的学习时光。

开学伊始,学院举行"弘扬革命精神,传承红色基因"党史学习教育专题讲座,特地邀请了50年党龄的赵燕清同志给我们主讲。老同志向我们讲述了他的父亲参加长征的革命历史以及他自身的战争经历,还向我们展示了极具历史纪念意义的物品,当我看到红布上挂满的功勋章,我由衷地生出佩服,也很自豪,我们的祖国有这样的军人。

更没想到,老同志在艺术方面造诣很高,他在现场演唱自己创作的《2021百年之歌》,并且在现场演奏小提琴《学习雷锋好榜样》和《唱支山歌给党听》,让我非常惊喜。老同志也说到,当代青年要做到三个"坚":一是要坚定理想信念,二是要坚持不懈奋斗,三是要坚持乐观精神。作为新时代的青年,我们更应该不负众望,努力奋斗。

学校在特定的时间节点都会组织不一样的活动。在"五一"节期间,我们一同观看红色电影《建党伟业》。这部电影很多地方都让我感觉热血澎湃,我因为国家有这样可爱的一群人而自豪,也让我拥有底气,我们的国家是如此强大。看完了这部电影,我觉得现在的生活来之不易,是老一辈的革命家用鲜血换来的,我们更应该珍惜现在美好的一切,同时我们也要感谢中国共产党卓越的贡献,我们永远不能忘记中国共产党的恩情!

"青马班"作为嘉宾参加技能节大合唱比赛。我当选了此次大合唱的钢琴伴奏,对于第一次做"钢伴",大家都对我非常有耐心,负责人也鼓励我,夸我有勇气。当我出错时,指挥也会安慰我,让我不要着急,说我肯定行的。通过这次做伴奏,我学习了很多专业方面的知识,同时也明白自身的不足,为了不拖大家后腿、为了让舞台效果更好呈现,我约有经验的同学指导我伴奏。一周后我们顺利完成了大合唱《不忘初心》的录制,录制过程中尽管出现了一些失误,但是这一次的宝贵经验,也让我更深刻地体会到实践是检验真理的唯一标准。

庆幸自己能够进入"青马班"学习,感谢同学的帮助,更感谢老师的耐心教导!今后我会树立起榜样,做一个合格的新时代青年、合格的共青团员。

心中的那一抹中国红

宁薇

在学院参加关于建党 100 周年的党史活动中，我学习了很多关于党的知识，也感受到了我国发展的迅速。国力日益强盛离不开我们领导人的正确领导，离不开中国共产党的领导。作为学院"青马班"的一员，我觉得进入"青马班"学习不仅是我一次学习的机会，也是我人生思想上的一次洗礼。

在"青马班"开班仪式中，学院党总支书记为我们授课，讲述了马克思主义中国化的最新成果，通过在大会和课外学习，我知道马克思主义中国化的两大理论是毛泽东思想和中国特色社会主义理论体系。马克思主义中国化就是把马克思主义基本原理和中国具体的实际相结合形成具有中国特色的马克思主义理论成果的过程。马克思主义中国化也为如今习近平新时代中国特色社会主义思想奠定了基础，习近平新时代中国特色社会主义思想是党和人民实践经验和集体智慧的结晶。

老师在课堂中讲到：要坚定理想信念，做新时代有为青年，在课堂上讲到的对中国青年说的"六个要点"，是对新时代中国青年奋斗，目标，源泉的具体论述，是精神，内容，支撑的具体分析，体现中国新青年要有远大的理想抱负，努力学习自身专业，勇于探索创新精神，涵养品德。

值周老师在国旗下的讲话提到，要紧紧围绕"中国共产党为什么能""马克思为什么行""中国特色社会主义为什么好"这三个问题深入体会，这三个问题让我学习到要在党史学习中汲取智慧，丰富自身精神。

在开展围绕建党 100 周年的系列活动中，我学习到了党的革命历史，知道祖国的日益繁荣昌盛、人民的生活幸福离不开中国共产党员的冲锋在前，抛头颅、洒热血。作为新时代青年，我认为我们是祖国建设强大有力的后备军，我们要汲取奋进的力量，坚定理想信念，砥砺前行，要回望过往，眺望未来，要为民族复兴做贡献，为中国共产主义而奋斗。

如果奇迹有颜色那一定是中国红，我坚信人民有信仰，国家有力量，民族有希望。在祖国面前我愿意用热血洒满青春，有理想抱负，愿为中国添砖加瓦。

血与火

戴曼莎

2021年是"十四五"规划的开局之年,是全面建设社会主义现代化国家新征程的开启之年,是中国共产党迎来百年华诞的一年。回顾我们党走过的艰辛历程,我们提高了对坚持和发展中国特色社会主义的认识。我党的历史是一部光辉灿烂的革命史,也是一部绚丽壮观的发展史,学习党史具有重大的现实意义。

回顾近百年的历史可以看见我党在血与火的洗礼中一路走来,只为了传承红色基因,牢记初心使命,更为了理想信念不懈奋斗。我们党从无到有、从小到大,带领全国各族人民正奋力实现中华民族伟大复兴。

一百年前,中国共产党以马克思主义为指导,在帝国主义、封建主义和官僚资本主义的压迫中创立。从诞生之日起历经磨难、饱经风霜,千千万万革命前辈抛头颅洒热血,奋不顾身地唤醒民众,一切从人民的利益出发;坚持从群众中来,到群众中去的工作路线,坚持建立统一战线,坚持革命武装斗争,不断加强党的自身建设;领导全国各族人民推翻"三座大山"的统治,建立人民民主专政的国家制度。

党的十八大以来,党先后开展多次专题教育和党史学习教育等,运用马克思主义的立场、观点和方法看待问题、解决问题,把我们党建设成为更加坚强、更具有战斗力的无产阶级政党。在2020年,我党领导全国人民为实现第一个建党百年奔向小康目标的关键时刻,新冠肺炎疫情的暴发及其迅猛蔓延,向我党、我国也向全世界提出了挑战。习近平总书记亲自指挥、亲自部署,统揽全局果断决策,为全国人民抗击疫情坚定了信心与凝聚力。

学习党史,重温我党从建立以来为中华民族和中国人民建立不朽的功勋,让我更清楚地认识到,只有在中国共产党的领导下,坚持走中国特色社会主义道路,才能发展中国,才能实现中华民族伟大复兴。

只有不忘历史、学习历史,才能不断地从历史的经验教训中汲取营养,才能明确中国共产党和中国未来的发展方向,才能把握今天、创造明天,才能凝聚实现中国梦的强大动力!作为一名入党积极分子,我要发挥模范作用,从实际出发,乐于奉献、互帮互助,全面发展自己各方面的能力,用内在的思想情操来武装自己的头脑,为建设祖国做出贡献。

星星之火　可以燎原

李家颀

　　党的十八大以来，以习近平同志为核心的党中央高度重视青少年和共青团工作，关怀青少年健康成长。作为一名新时代大学生，为了进一步深刻理解和认真学习贯彻习近平总书记系列重要讲话精神，我认真学习了《习近平关于青少年和共青团工作论述摘编》（下面简称《论述摘编》）。

　　通过学习《论述摘编》，我深深感受到了自己所肩负的责任。身为幼儿教育师范专业的学生，我明白了"教育乃兴国之本"。党的十九大报告指出："优先发展教育，建设人力资源强国，作为改善民生的社会六大任务之首。"2019年，教育部颁布最新政策："资助接受普惠性学前教育的家庭经济困难儿童（含建档立卡家庭儿童、低保家庭儿童、特困救助供养儿童等）、孤儿和残疾儿童。"这项政策的颁布，帮助了中国绝大部分因为某些困难或缺陷而与接受教育失之交臂的孩童。中国的软实力日益增强，与国家对教育的重视和投入有着密不可分的关系。

　　重视教育，加强对教育产业的投入，就是关心青少年健康成长的重要表现和举措。2016年，全国教育经费总投入近4万亿元，比2015年增长了7.57%，占GDP的5.2%。到了2018年，全国教育经费总投入共4.6万亿元，同比增长8.39%。此外，国家还大力扶持乡村教育、特殊教育、职业教育等各类教育。作为新时代大学生，我们更能感受到国家对于高等教育的重视。如今，我们面对未来的选择逐渐增多，升读本科、考取教师资格证、选择就业、继续深造……社会在不断进步，给予我们的机会也越来越多，大家能够根据自己的实际情况，做出恰当的选择，为今后的人生道路打下更坚实的基础。

　　记得习近平总书记曾引用过梁启超的《少年中国说》："少年智则国智，少年强则国强。"这句话充分体现出少年对于国家发展的重要性，正如《论述摘编》中开篇所指出的"青少年是国家的未来和民族的希望"。中国少年，正在成为中国的名片；少年中国，正在走向新的辉煌。

　　习近平总书记始终鼓励我们不忘初心、牢记使命，认真学习并了解党的基本路线，践行社会主义核心价值观，树立远大理想，为实现中华民族伟大复兴的中国梦而努力奋斗。学习《论述摘编》，让我们明白了自己肩负的重要使命：我们是有理想、有本领、有担当的青年一代。我们是未来的幼儿教师，为了祖国未来的希望，更加应该勤奋学习、刻苦钻研，树立终身学习的理念，努力做一名德才兼备的新时代青年。

星星之火，可以燎原。未来的中国，还需要我们去奋斗，作为新时代的青年，身为一名预备党员，我觉得自己有义务且已经准备好接下这重要的一棒，希望我能够做到与时俱进，砥砺前行，认真学习贯彻新时代的重要思想，成为新时代的一名好教师！

读《青春之歌》有感

邓秀梅

  在午后我捧起《青春之歌》一书，阳光温热，光线透过玻璃窗在书桌上洋洋洒洒，树影斑驳稀疏。我仿佛也搭乘在八十多年前那趟去往北戴河的火车上，"茂密的庄稼，明亮的小河，黄色的泥屋，矗立的电线杆……"，身旁就坐着那个穿着白洋布短旗袍的十七八岁的女学生。她像是一列缓缓前行的火车，顺着无尽延伸到天际的两行铁轨，载满希望却又总是无望。翻阅着她的生命历程，一点一滴，在大雨倾泻的黑夜，在巨浪怪啸的海边，在热流激荡的游行队伍，在酷刑残暴的冰冷监狱……她小小的身影一路走，我不由自主地在后面跟，替她担忧，为她心疼，被她的勇气感动，也在心里为她祈祷祝福……

  在《青春之歌》中，林道静的成长史是一部由优美走向崇高壮美的成长史，我们有着相同的年纪，却有着不一样的"青春"。林道静出生于大地主家庭，但她不甘心当封建地主的小姐，不甘心当官僚特务的玩物，在她不断为个人的命运挣扎时，却遭到了一连串的打击——她自杀未遂，教书被逐，寻找工作四处碰壁。面对重重的打击，林道静并没有放弃。尽管前行的道路充满艰辛，可她只当这些打击、坎坷是丰富人生的元素，从没放弃改变自己的命运。这种不服输的、大无畏的精神，无疑值得每一个青年学习。

  许多同学也许会这样认为：如今我们生长在和平的年代，战争的硝烟已经散去，那我们还需要讲爱国主义吗？什么是爱国主义？爱国主义是社会主义核心价值观中最深层、最根本、最永恒的内涵。今天，我国已步入新的历史时期。党的十九大以来，中国共产党就确定了"不忘初心、牢记使命，高举中国特色社会主义伟大旗帜，决胜全面建成小康社会，夺取新时代中国特色社会主义伟大胜利，为实现中华民族伟大复兴的中国梦不懈奋斗"的思路。这是新时代下中国的历史使命，也是每一个新时代青年应该牢牢把握的奋斗方向。

  爱国是一种崇高而神圣的情感，但并不都表现为辉煌壮烈的举动。爱国，其实我们能做到的事情有很多很多，只是我们从来没有真正用心去发现，也从来没有体会到原来一些普通平凡的小事也可以表达我们对祖国的热爱。爱国并不是一种唱高调的行为,相反,它是通过一件件普通而平凡的小事凝聚起来的。我们作为新世纪的青年一代,是祖国的希望,祖国的未来必将属于我们。因此,我们更要继承和发扬崇高的爱国主义精神。

  掩卷深思,当一个人的青春融入一个时代、一份事业中,这样的青春就不会逝去,而这份事业也必将在岁月的历练中折射出耀眼的光芒。作为新时代的青年,我们要将自己的梦想与中国梦紧密相连,要时刻不忘初心、牢记使命,立足眼下,踏实学习,不断地历练和实践。要以青春之我、奋斗之我,为民族复兴铺路架桥,为中国特色社会主义的伟大事业贡献自己的力量。

只要你们需要 我们随时都在

冼嘉雯

"青年一代有理想、有本领、有担当,国家就有前途,民族就有希望。"在"五四"青年节到来之际,我们收到了习近平总书记给青年一代的祝福。历史和现实都告诉我们,青年一代有理想、有本领、有担当,国家就有前途,民族就有希望,实现中华民族伟大复兴就有源源不断的强大力量。

作为一名有志青年,我们要弘扬"奉献、友爱、互助、进步"的精神,坚持与祖国同行,为人民奉献,以青春梦想、用实际行动为实现中国梦做出新的更大贡献。当今世界正经历百年未有之大变局,在民族复兴的关键期,风险和挑战接踵而至。青年是整个社会中最具有朝气的一股力量,在民族发展的道路中,中国青年任重而道远。

我是一名学生骨干、一名预备党员,是校园疫情防控志愿者召集令的发起者,仅仅 4 分钟时间,所有志愿者名额就全部报满,如此"神仙"的速度,足以感受到广外艺青年们随时待命的抗疫精神。我是五山校区和燕岭校区全员核酸检测志愿者的组织者之一,当天我穿着厚厚的防护服做信息录入工作长达 5 小时,汗水已经浸湿了我的衣服,当脱下衣服的时候看到手上形成的白色汗迹。作为党员就应该挺身而出,也坚定了我向党组织靠拢的决心。让我印象深刻的是刚上完课急匆匆跑来排队检测的小师妹,令我最难忘的是她排了几乎一小时的队,因为暂缺志愿者,她看到了"召集令",从队伍后面就跑了过来说:"师姐,需要人手吗?我可以的。"广外艺青年的奉献精神让我感动。炎炎烈日下的"蓝精灵"和"小红人",他们用实际行动,竭力为大家服务。而密不透风的防护服下,是早已被汗水浸透的衬衣。哪怕喊到失声,累到极致,仍积极地引导,耐心地解说,积极配合核酸检测的同学们也在"小红人"们的指引下,一步步靠近核酸检测点。志愿者们那一句句"没事,我撑得住"让我再一次感动。当天下午我还组织并参加了五山校区大规模核酸检测排查工作,连续 4 个小时为每家每户排查,在排查工作中,有一位奶奶惊讶地问道:"你们不用午休吗,居委会也不能这样工作,得休息。"我们害羞地回复道:"奶奶,不是啦,我们是广外艺学生志愿者,也是一名党员,我们不怕苦不怕累,只要你们需要我,我们随时都在!"

作为"00后",也许很多人眼里觉得我们还是小孩子,但是面对疫情,我们也想做点事情回馈社会。我们要一起守护好美丽的家园。中国加油,广州加油!

鸿志薄云无愧怍　众心温暖照中国

黄勉璇

庚子年春，万家灯火通明却不闻嬉闹声，一场新冠肺炎疫情突袭大江南北，在决胜全面建成小康社会、决战脱贫攻坚的关键时刻，又一次面临严峻考验，无数逆行者穿上白大褂，写下请战书，以他们无声的行动向世界传述着一个又一个中国故事。

"生命重于泰山。疫情就是命令，防控就是责任。"在以习近平同志为核心的党中央坚强领导下，举国上下同时间赛跑、与病魔较量，从耄耋院士到"90后""00后"，医无私，兵无畏，民齐心，党员干部冲锋在前，社区工作者奋战一线，亿万人民手相牵心相连，一场力度空前的疫情防控阻击战全面打响，14亿中国人民在共克时艰中勇毅前行。舍小家顾大家，国安心才安。

辛丑年夏，广州再次遭受新冠疫情袭击，各个地区迅速开展核酸排查工作，坚决守住疫情防控的安全底线。为积极配合全市打赢这场疫情防控战役，2021年6月5日，学校在燕岭校区开展全员核酸检测。防疫人员穿上防护服，顶着高温采核酸，而密不透风的防护服下，早已被汗水浸透的衬衣。即便我没有白衣天使与死神抢人的"超能力"，没有公安执法人员奉命征战的"盔甲"，我仍努力为这一场没有硝烟的战争打出属于我们的一炮——做防疫志愿者，我毫不犹豫地报名参加抗疫核酸检测志愿服务工作。"请保持一米间距""请扫码填写个人信息"……看着同学们井然有序地跟随队伍移动，一步步靠近核酸检测点，哪怕喊到失声，站到双腿发麻，我仍坚守我的决定。6月5日晚，核酸检测任务圆满完成，我自豪我成为了抗疫队伍中的一员。

温暖，在吾辈心间！鲁迅有言："于浩歌狂热之际中寒，于天上看见深渊，于一切眼中看见无所有，于无所希望中得救。"坚信吧，希望永不泯灭，温暖永行人间！等到温暖的风儿再次吹起，神州大地又是繁荣好景象！

感受广外艺温度——全民抗疫

林晓

和大自然一样,人类社会的发展,既有阳光灿烂的日子,也有风雨交加的时刻。

新冠肺炎疫情离我们那么远,却又那么近。2021年5月突如其来的一则确诊病例新闻让全广州人民紧张起来,每天的实时新闻,疫情的迅速扩散和发展牵动着每一个人的心。"若有战,召必回!"医护人员的日夜兼攻,全员核酸,全面排查,我们致敬他们,同时又心疼他们。不仅仅是医护人员,各小区街道来回忙碌的红衣志愿者们都贡献出自己的一分力量。

正如梁启超先生在《少年中国说》所言:"今日之责任不在他,而在我少年,少年智则国智,少年富则国富,少年强则国强。"哪里需要他们,他们就出现在哪里。这是广大青年的心声,也是他们的行动,新时代中国青年用责任担当,筑起了疫情防控的铜墙铁壁,担起中国走向未来的坚定脊梁。

在广州新冠肺炎疫情反弹之际,各区迅速开展核酸检测排查工作,广外艺全体师生也用自己的方式,接力正能量,传递爱与温暖。

面对疫情,青年人应当有青年人的勇气与担当,为响应学校号召,协助全校师生核酸检测的开展,我主动报名,披上红色"马甲",参加了志愿者活动,为抗击疫情贡献出自己的一分力量。帮助维持现场秩序,说过的最多的话是"同学,请保持间隔一米的距离""请提前打开手机二维码,方便信息登记",同学们也都很配合志愿者的工作。

虽只有短短的一个小时,但从我自己去排队核酸取样到后面的去当志愿者,这半天下来,让我收获到了满满的责任感与自豪感,当我们奉献出自己的一分力量时,心里觉得很幸福,觉得自己终于为社会做了一点点力所能及的事情。

志愿者,也许普通,也许平凡,但在抗击疫情的战线上离不开志愿者们的无私奉献!在以后的生活中,我会继续弘扬志愿者精神,为社会做出自我应尽的义务和精神,志愿服务也是很有意义的一项活动,以后我会多多参加志愿服务活动的。

耀眼的流星　长大后成为像你一样闪光的"小星"

黄依霞

初中时代，在学校的日常日子中，总有一些特殊的日子让我欢喜，也有一些特殊的人令我神往，迎接小考生、中考生时，一路上哪儿都能看见穿着赤红衣服戴着帽子并嵌有"志愿者"三个显眼的字的人。那时我崇拜羡慕的眼神都快溢出来了，一心想着能成为他们那样的人该多好呀！

进入梦想中的大学后，又随处见到各种志愿者，而且他们的服装多种多样，组成了一个大大家庭，有小红、小蓝、小紫、小橙、小黄，我憧憬加入的这个大家庭大集体，已经让我想疯狂往前冲！

我的行动因你们的闪烁之光在此出发啦！为切实保障广大师生员工的生命健康和安全，筑牢校园疫情防控长城。2021年6月5日我校燕岭校区集中开展全员核酸检测，那一天我是"小红"。我遇见了也认识到了很多像我一样的"小红"，他们都有一颗强烈的奉献心，师姐把我们分配在不同的站岗，而这些站岗所连起来的是一个团结的网线。

我们需要站在这个岗位上整整4个小时，开始时心想"也不累呀"，但当我还站不到一个小时，我的脚已经有些麻木了，我悄悄地动了一下右腿膝盖，"咯"，再动一下左腿，"咯"，瞬间好多了，到了人流量多时，我们时不时都要更加警惕，所以我们的嘴也是不停地在动，眼睛也是不歇地在转，"请同学们快步走，谢谢""请保持一米距离，谢谢""同学，请往前走，保持一米距离，谢谢""这两位同学，请保持一米距离，谢谢""前边的同学请保持一米距离，不要站得太紧密，谢谢"，我们的口、眼在不停地动，直到口干舌燥，如同渴望到达绿州的骆驼，多想喝上一口水，可是我时刻也没有忘记：作为一位志愿者应该起模范作用，不应该在这种公共场合、这种情况下摘下口罩自如地喝水。

再想想、再看看身边的"小红"，想想医护人员、工作人员的坚持，自己的这点累又算得了什么呢！渐渐的，我的腰也开始有点酸痛感，问了身边的"小红"，他们也跟我一样，仔细想了想，自己做的这些根本不够，自己的累根本比不过医护人员、各岗位的工作人员，他们才是最累最有耐心的，感谢他们的精神影响振奋我继续坚持。

  作为一名志愿者，也有自己需要负起的责任。每个岗位的工作人员他们都是最棒最耀眼的星星，我很荣幸能与这群带着光的人一起工作，我很开心参加每一次的志愿服务，它让我学到了很多东西。

无悔　那是我的梦

蔡紫妍

我听我爸爸说，入党是他的梦。可惜一直都未能如愿以偿。我从小就经常跟着父亲看一些革命题材的电影、电视剧、书籍等，这让我对党无比的向往，不知是从几时开始，入党也成了我的梦。

记得那年，我读一年级，胸前的红领巾告诉我："你现在是一名少先队员了。"也许那时年纪小，对于少先队员这个词一点都不了解，唯独就那一句"我们是共产主义接班人"这句歌词让我记忆犹新，三年级的时候被老师评选为中队长的我，每次任务都是在服务同学的队伍中。那时候的我就有一种帮助了同学内心就无比快乐的感觉。也许就是在那时我埋下了一直服务同学的种子。

这颗种子慢慢地发芽了，在我读初一的时候，那时候我十二三岁，作为班级的学生干部骨干，学习成绩一直名列前茅，我毫不犹豫地递交了入团申请书。没过多久，就在学校红彤彤的告示栏看到了我的名字，为此我还高兴了好一阵。在团员宣誓会议上，我的左胸前戴上了团徽，唱的是团歌，面向的是团旗。同年，我竞选上学生会的副主席，带领同学们做了很多志愿活动，积累了很多经验。就在那一刻，我感觉我离入党又近了一大步。

就在进入大学的那一年，我目标确定了，我的这个目标就是要为共产主义事业奋斗终身，为了早日实现我的目标，我郑重地递交了我的入党申请书，接下来就是经过漫长的等待，第一期发展对象里面，没有我的名字，我很失落，我以为我没有机会了，但是，我并没有为此气馁，而是加入了团总支学生会，继续我的服务学院、服务老师、服务同学的事业。就是这样，我继续努力学习，不仅在专业课程上，在思想上，我深入学习宣传贯彻党的十九大精神和习近平新时代中国特色社会主义思想，深入贯彻习近平总书记关于青年工作的重要思想，强化思想引领为主责主业。终于在第二期的公示栏上，我看到了"蔡紫妍"这三个大字，正应了那句话，功夫不负有心人。作为一名党的发展对象，我积极上党课，学习党史，学习党的理论。空闲时间还做了很多志愿活动，疫情期间，到饭堂维持秩序、迎接新生等。争取早日成为一名正式的党员。一直以来，我都严格要求自己，听党话跟党走，争做时代的弄潮儿。

终于在 2020 年 11 月我成为了一名预备党员，距离我的梦想更近了。作为预备党员期间，我参加了很多志愿活动。组织了团学干部们去了广州医科大学附属肿瘤医院义演；响应"校青协"号召，举办了捐衣活动等，还设计了"关爱广州希望小家"志愿服务项目。始终不忘初心，牢记服务社会及身边人的使命。相信我的这个梦很快就会实现。

我的叔父们作为老党员曾经搭着我的肩跟我说过："一定要入党啊！"就这样我一步一个脚印，带着我父亲的梦，带着家人的期望，希望可以光荣入党。在平时生活中、学习中，我时刻牢记入党誓词，认真学习党的先进理念，不断提高自己的学习能力，要求自己进一步解放思想，更新理念，积极投身到祖国基建行业中去。我将继续学习习近平新时代中国特色社会主义思想和党的十九大精神，牢固增强"四个意识"，坚定"四个自信"。坚定理想信念，增强党性修养，传递正能量。

没有共产党就没有新中国，就不会有中国今日之伟大成就，这更加坚定我们跟着中国共产党走、振兴中国的信念和决心！我会用我毕生精力投身于基层建设行业，为祖国建设添砖加瓦，为共产主义事业献上我的微薄之力。

加入中国共产党是我的梦想，我将会将己之梦与中国梦相结合，在实现中国梦的同时实现自己的梦。

一心向党　不忘初心

陈其舒

　　大学时代是人一生当中最美好的时光，回忆大学生活的点点滴滴，最难忘的还是入党时那庄严而肃穆的场景。回忆往昔，入党宣誓之时那一幕幕恍如昨日，时间一点点在流逝，当初自己一字一句写下的入党申请书，记录每一次思想历程，党旗下的庄严宣誓久久无法忘记，加入中国共产党，成为一名光荣的党员，是我永远珍藏的记忆。

　　上大学后，作为班级的学习委员、院级团总支副书记，我在学习、生活中能够乐于助人，默默无闻地做好自己应该做的事情，在思想上积极向上，发挥思想政治引领作用，不断学习和宣传党史故事。大一时我就向党组织递交了入党申请书，经过考试成绩以及各项综合测评，很高兴成为我们班上第一批被列为重点考察对象的入党积极分子，通过党校的学习以及组织的考察，我顺利地于2020年11月光荣地成为了一名预备党员。

　　2020年11月26日，我清楚地记得，从这一天清晨开始，心里一个重复的声音在清晰地告诉我：今天你要入党宣誓了，今天你就要成为一名真正的中国共产党党员了。这个时候，我几乎能听到自己的心跳。我努力按捺自己激动的情绪，不知疲倦地一次次地审视自己的着装，一次次地背诵入党宣誓誓词。毫无疑问，在走进学校会议室之前的两三个小时，我几乎都在一直重复地做这两件事情。

　　上午，这一神圣、期待的时刻，终于到来。在党支部书记的带领下，面向鲜红的党旗，怀着一颗激动的心，用洪亮的声音宣誓："我志愿加入中国共产党，拥护党的纲领，遵守党的章程，履行党员义务，执行党的决定，严守党的纪律，保守党的秘密，对党忠诚，积极工作，为共产主义奋斗终身，随时准备为党和人民牺牲一切，永不叛党。"这八十个字，不算少，但像锉刀，一笔一画深深地刻印在了心里，这一个仪式，不算隆重，但似炼炉，使我的生命得到了刹那间的升华。

　　在从入党积极分子到成为发展对象再到预备党员这段时间里，我不断进行思想教育学习，利用党支部提供的平台和资源，深刻了解和学习党相关知识，积极不断向党组织靠拢。此外，党支部在此期间也举行了许多培训和教育会议，围绕党史学习教育提供了更多的学习机会和平台，让我可以跟其他党员一起学习，相互交流和探讨，让学习党史的路途上充满乐趣。同时也是对自我学习的一个批评与教育，使自己充分认识到自己的不足之处，可以根据老师的教育和指导改正过来，在学习党史中，也更加坚定了我对党的忠心和尊敬。

  中国之所以有今天的成就，一切都离不开党的正确指导和引领。对于我来说，入党是一次人生的重大转折。每个党员都有自己不同的入党经历，我从入党在心底萌生到目前成为一名预备党员，经历了近两年时间，在党校培训和党支部的培养下，从幼稚到成熟，经历了不断进步成长的过程。成为预备党员后就有了一种责任和使命。我希望通过努力不断完善自我，使自己成为一个不愧于这个时代的优秀党员和不断奋进向上的青年，永远保持初心，永远不辜负党的期望，永远牢记党的使命，永远跟党走。

不忘初心　我的入党故事

肖慈

100年前，在浙江嘉兴南湖飘摇的小船所燃起的星星之火，在一代又一代的中华儿女手里传承，生生不息。转瞬百年已过，百岁的中国共产党恰同学少年，风华正茂。我很荣幸，生逢盛世；我很荣幸，在今年这一个特别有意义的一年——建党百年的时候成为了一名预备党员。我相信，这必然是我在生命中最难忘的、最值得深深铭记的重要时刻！

一、少先队员·红领巾

就读于合水中心小学一年级时，我成为了一名少年先锋队队员。我们集合在操场上，高年级的哥哥姐姐戴着整齐的红领巾，手里捧着鲜艳的红领巾走到我们的面前，伴随着"我们是共产主义接班人，继承革命先辈的光荣传统，爱祖国，爱人民……"的激昂的旋律为我们戴上了红领巾。佩戴结束后，高年级的哥哥姐姐们走到我们旁边端正站好，只闻国歌奏起，鲜艳的五星红旗缓缓升起，我们都不由自主唱起了国歌。那时刻，五星红旗的鲜艳与我们的红领巾相得益彰。

二、共青团员·团徽

读初一时，去老师办公室交作业，偶然看到班主任桌上的团员推优表上写着我的名字。一周后，我与班里另外5名同学走进学校的大会议室，里面还有其他班级的同学，会议室里响起了团歌——"我们是五月的花海，用青春拥抱时代……"我们就位后，老师给我们每人分发了一个团徽，我们佩戴好后，举起右拳，庄重地面对团旗宣誓："我志愿加入中国共产主义青年团，坚决拥护中国共产党的领导，遵守党的章程，执行团的决议，履行团员义务，严守团的纪律，勤奋学习，积极工作，吃苦在前，享受在后，为共产主义事业而奋斗。"这一天，我觉得格外美好，同时共青团员的身份也激励着我初中三年的学习之路。三年后，我如愿拿到了市里重点高中的录取通知书。高中生活，我加入了学生会组织部，这个部门让我更近距离地了解到了党、团的知识，也从那时起，向党组织靠拢的信念愈发强烈。

三、预备党员·党徽

读大学，我主动竞选团支书一职，这除了能够锻炼自己的能力外，还能够更好地去服务同学。2019年9月，通过党课的学习，我更加坚定了我的信仰，同月我郑重地写下了我的入党申请书。大一那年，我积极完成团支书的工作，也参加了各种各样的社团学习活动和志愿服务活动，希望能够向党组织靠拢。感谢老师与同学们的肯定，在2021年1月份，我成为了一名光荣的预备党员，面对党旗宣誓："我志愿加入中国共产党，拥护党的纲领，遵守党的章程，履行党员义务，执行党的决定，严守党的纪律，保守党的秘密，对党忠诚，积极工作，为共产主义奋斗终身，随时准备为党和人民牺牲一切，永不叛党。"这一天是我最值得铭记的日子，同时也明白这不仅是一份荣誉，更是一份责任。

对党的认识，除了在学校的教育，我也受到了家庭的熏陶。我是由我爷爷、奶奶带大的，多年来，爷爷给我的感觉就是很可靠的，任劳任怨，时常帮助邻居，人缘特别好。爷爷他是一名有着50年党龄的老党员，每每说起年轻时当兵入伍、加入共产党时，我爷爷总会流淌出骨子里的自豪感，与我们分享当时的事情。我曾在爷爷的柜子里看到爷爷的参兵证明，也记录了他曾任副班长、班长的职务。家里用的热水壶，是他曾经的奖品，上面还刻着我爷爷的名字以及"优秀共产党员"的称号，虽然现在已经模糊了，但是仍有一股力量在激励着我要向优秀的爷爷学习。

从少年先锋队队员到共青团团员，再到预备党员，从家庭到学校再到社会，对党的认识从浅薄到深入，从感性到理性，不知从什么时候起，我的心底早已对党有着清澈的敬仰、崇尚之情。作为学生，我们的初心就是学习，作为党员，初心和使命就是为中国人民谋幸福，为中华民族谋复兴。我们要承担起历史和时代所赋予我们的责任，向英雄先辈学习，学习他们秉承理想信念、坚守初心使命、敢于担当作为的共产党人的优秀品质。

我的另一个身份

周昊

岁月不居，时节如流。一转眼，我已经正式成为一名共产党员。在党旗下庄严宣誓的情景，依然历历在目，刻骨铭心。2021年是中国共产党建立100周年，站在这新的起点，我不禁扪心自问：当初一心入党是为了什么？默默许下的誓言又是什么？

记忆中，小时候外公、外婆是我最好的玩伴。一次无意中翻到了一个很精致的饰品盒，里面是一些我不认识字的徽章，通过询问，我第一次接触到了"党员"这个词，以至于从小我就对党员有一种独特的情怀。

军旅生涯总能留在脑海中，特别是在军营入党的记忆，更是我永生难忘的。2018年9月入伍的时候，看到连队里的共产党员，我总会感慨，心里是满满的羡慕。从那时起，我对共产党员这一身份充满了羡慕和崇拜，希望自己有一天也能成为其中一员。

下连后我有幸参与了集团军组织的通信报务培训，中队长就是我的班长。训练之余在休息期间得知他于2013年入党，曾在2015年维和过程中立了功。没想到他也是一名党员。此后，想到自己所学的专业在全军的重要性，尽管我知道我只是一名义务兵，我还是在2019年5月向党组织递交了我的入党申请书，开始主动接受党组织的考验。中队长（我的班长）主动承担起了对我的培养任务，要求我积极参加组织活动，并定期向党组织汇报思想，在学习和训练上我毫不松懈，积极努力。

2020年对我是不平凡的一年，6月2日，我光荣地加入了中国共产党，当我举起右手向那面巨大的党旗宣誓的时候，我的心情迟迟不能平静，那一刻我多年的愿望终于得以实现，那一刻我的信念得到了组织的认可，那一刻我充满神圣和幸福感，那一刻我心潮澎湃。宣誓完后我急不可待地将我入党的消息传达到了家里，母亲得知以后，也是无比激动，再三叮嘱、反复叮咛，要好好表现，决不能让组织失望、决不能给组织抹黑，做一名优秀的军人。

2020年9月，我选择脱下军装，重返校园。此时此刻，我在学习和生活中更加坚定了共产主义信仰，深知有了这个信仰，我的生命才能充满意义。

但我更明白，只有不断刻苦奋斗，才能使我的人生更加充实。从那时起，我更加严格要求自己，孜孜不倦地学习，做好能做好的每一件事，给其他同学做榜样。在我的努力下，2021年6月3日，外语外贸学院学生第一党支部通过了我的党员转正申请。这一天，我成为了一名正式的中国共产党员。

平凡孕育着伟大，细流可汇成江海。虽然我已不再是一名军人，但我始终维护党的先进性与高度，塑造清新形象，尽我所能发挥党员的先锋模范作用，时至今日，入党仪式场景的记忆仍然在脑海中，我忘不了我有一个身份——中国共产党党员。